Marivaux

L'Île
des Esclaves

Dossier réalisé par
Mériam Korichi

Lecture d'image par
Alain Jaubert

folio**plus**
classiques

Mériam Korichi, née en 1973, est agrégée de philosophie. En 2000, elle publie *Les Passions* dans la collection Corpus de Garnier-Flammarion. En 2003, elle soutient une thèse sur Spinoza. Elle s'oriente depuis vers la mise en scène de théâtre.

Alain Jaubert est écrivain et réalisateur. Après avoir été enseignant dans des écoles d'art et journaliste, il est devenu aussi documentariste. Il est l'auteur de nombreux portraits d'écrivains ou de peintres contemporains pour la télévision. Il est également l'auteur-réalisateur de *Palettes*, une série de films diffusée depuis 1990 sur la chaîne Arte et consacrée à la lecture de grands tableaux de l'histoire de la peinture.

Sommaire

Sommaire

L'Île des Esclaves

Comédie en un acte et en prose représentée pour la première fois par les Comédiens Italiens du Roi le lundi 5 mars 1725

ACTEURS[1]

IPHICRATE.
ARLEQUIN.
EUPHROSINE.
CLÉANTHIS.
TRIVELIN.
DES HABITANTS DE L'ÎLE.

La scène est dans l'Île des Esclaves.

---

1. Signifie ici personnages. Le nom des personnages renvoie à un registre parodique visant le dialogue «philosophique» composé pour édifier les lecteurs ou le public : «Iphicrate», d'après le grec, signifie «qui domine par la force», et «Euphrosine» signifie «à l'humeur heureuse» ou «la bienveillante». Les noms des autres personnages, Arlequin et Trivelin, renvoient d'abord aux comédies écrites par Marivaux pour le Théâtre-Italien.

Le théâtre représente une mer et des rochers d'un côté, et de l'autre quelques arbres et des maisons.

Scène première

IPHICRATE *s'avance*
tristement sur le théâtre
avec ARLEQUIN

IPHICRATE, *après avoir soupiré* : Arlequin ?

ARLEQUIN, *avec une bouteille de vin qu'il a à sa ceinture* : Mon patron[1].

IPHICRATE : Que deviendrons-nous dans cette île ?

ARLEQUIN : Nous deviendrons maigres, étiques,

---

1. Le mot « patron », usuel pour un saint, sert aussi à désigner le maître d'un esclave. On ajoutera qu'en italien « *padrone* » était utilisé par les valets pour appeler leur maître ; Leporello dans *Don Giovanni* appelle son maître « *mi padrone* ».

et puis morts de faim : voilà mon sentiment et notre histoire.

IPHICRATE : Nous sommes seuls échappés du naufrage ; tous nos camarades[1] ont péri, et j'envie maintenant leur sort.

ARLEQUIN : Hélas ! ils sont noyés dans la mer, et nous avons la même commodité.

IPHICRATE : Dis-moi ; quand notre vaisseau s'est brisé contre le rocher, quelques-uns des nôtres ont eu le temps de se jeter dans la chaloupe ; il est vrai que les vagues l'ont enveloppée, je ne sais ce qu'elle est devenue ; mais peut-être auront-ils eu le bonheur d'aborder en quelque endroit de l'île, et je suis d'avis que nous les cherchions.

ARLEQUIN : Cherchons, il n'y a pas de mal à cela ; mais reposons-nous auparavant pour boire un petit coup d'eau-de-vie : j'ai sauvé ma pauvre bouteille, la voilà ; j'en boirai les deux tiers, comme de raison, et puis je vous donnerai le reste.

IPHICRATE : Eh, ne perdons point de temps, suis-moi, ne négligeons rien pour nous tirer d'ici ; si je ne me sauve, je suis perdu, je ne reverrai jamais Athènes, car nous sommes dans l'Île des Esclaves.

ARLEQUIN : Oh, oh ! qu'est-ce que c'est que cette race-là ?

IPHICRATE : Ce sont des esclaves de la Grèce révoltés contre leurs maîtres, et qui depuis cent ans sont venus s'établir dans une île, et je crois que c'est ici : tiens, voici sans doute quelques-unes de leurs

---

1. Se dit ici comme se dit « camarades de fortune », « camarades d'aventures », « camarades d'infortune ».

cases[1] ; et leur coutume, mon cher Arlequin, est de tuer tous les maîtres qu'ils rencontrent, ou de les jeter dans l'esclavage.

ARLEQUIN : Eh ! chaque pays a sa coutume : ils tuent les maîtres, à la bonne heure, je l'ai entendu dire aussi ; mais on dit qu'ils ne font rien aux esclaves comme moi.

IPHICRATE : Cela est vrai.

ARLEQUIN : Eh ! encore vit-on[2].

IPHICRATE : Mais je suis en danger de perdre la liberté, et peut-être la vie ; Arlequin, cela ne te suffit-il pas pour me plaindre ?

ARLEQUIN, *prenant sa bouteille pour boire* : Ah ! je vous plains de tout mon cœur, cela est juste.

IPHICRATE : Suis-moi donc ?

ARLEQUIN, *siffle* : Hu, hu, hu.

IPHICRATE : Comment donc, que veux-tu dire ?

ARLEQUIN, *distrait chante* : Tala ta lara[3].

IPHICRATE : Parle donc, as-tu perdu l'esprit, à quoi penses-tu ?

ARLEQUIN, *riant* : Ah, ah, ah, monsieur Iphicrate, la drôle d'aventure ; je vous plains, par ma foi, mais je ne saurais m'empêcher d'en rire.

---

1. Vient du latin *casa* et signifie « maison » ou « habitation rudimentaire ».

2. Comprendre : « Du moins a-t-on la vie sauve. » Arlequin signifie par là que seul son sort lui importe, ne prenant pas en compte celui de son maître.

3. Après avoir sifflé, Arlequin chante pour ne pas répondre à son maître. Le découragement désespéré d'Arlequin au début de la scène (« Nous deviendrons maigres, étiques, et puis morts de faim ») a fait place à une attitude nonchalante et insolente nourrie par l'espoir de voir la Fortune être favorable à son sort et défavorable à celui de son maître.

IPHICRATE, *à part les premiers mots* : (Le coquin abuse de ma situation, j'ai mal fait de lui dire où nous sommes.) Arlequin, ta gaieté ne vient pas à propos, marchons de ce côté.

ARLEQUIN : J'ai les jambes si engourdies.

IPHICRATE : Avançons, je t'en prie.

ARLEQUIN : Je t'en prie, je t'en prie ; comme vous êtes civil et poli ; c'est l'air du pays qui fait cela.

IPHICRATE : Allons, hâtons-nous, faisons seulement une demi-lieue sur la côte pour chercher notre chaloupe, que nous trouverons peut-être avec une partie de nos gens ; et en ce cas-là, nous nous rembarquerons avec eux.

ARLEQUIN, *en badinant* : Badin [1], comme vous tournez cela.

Il chante.

> L'embarquement est divin,
> Quand on vogue, vogue, vogue,
> L'embarquement est divin
> Quand on vogue avec Catin [2].

IPHICRATE, *retenant sa colère* : Mais je ne te comprends point, mon cher Arlequin.

ARLEQUIN : Mon cher patron, vos compliments me charment ; vous avez coutume de m'en faire à coups de gourdin qui ne valent pas ceux-là, et le gourdin est dans la chaloupe.

---

1. Se dit d'une personne qui aime la plaisanterie légère. Arlequin se moque ici de son maître en donnant un sens galant à ses derniers mots : «nous nous rembarquerons avec eux», «embarquement» pouvant avoir le sens d'aventure sentimentale ou galante, ce que le quatrain suivant illustre.

2. Abréviation populaire pour le prénom Catherine.

IPHICRATE : Eh ne sais-tu pas que je t'aime ?

ARLEQUIN : Oui ; mais les marques de votre amitié tombent toujours sur mes épaules, et cela est mal placé. Ainsi tenez, pour ce qui est de nos gens, que le Ciel les bénisse ; s'ils sont morts, en voilà pour longtemps ; s'ils sont en vie, cela se passera, et je m'en goberge[1].

IPHICRATE, *un peu ému* : Mais j'ai besoin d'eux, moi.

ARLEQUIN, *indifféremment* : Oh, cela se peut bien, chacun a ses affaires ; que je ne vous dérange pas.

IPHICRATE : Esclave insolent !

ARLEQUIN, *riant* : Ah ah, vous parlez la langue d'Athènes, mauvais jargon que je n'entends plus.

IPHICRATE : Méconnais-tu ton maître, et n'es-tu plus mon esclave ?

ARLEQUIN, *se reculant d'un air sérieux* : Je l'ai été, je le confesse à ta honte ; mais va, je te le pardonne : les hommes ne valent rien. Dans le pays d'Athènes j'étais ton esclave, tu me traitais comme un pauvre animal, et tu disais que cela était juste, parce que tu étais le plus fort. Eh bien, Iphicrate, tu vas trouver ici plus fort que toi ; on va te faire esclave à ton tour ; on te dira aussi que cela est juste, et nous verrons ce que tu penseras de cette justice-là, tu m'en diras ton sentiment, je t'attends là. Quand tu auras souffert, tu seras plus raisonnable, tu sauras mieux ce qu'il est permis de faire souffrir aux autres. Tout en irait mieux dans le monde, si ceux qui te ressemblent

---

1. « Je m'en moque. »

recevaient la même leçon que toi. Adieu, mon ami, je vais trouver mes camarades et tes maîtres.

Il s'éloigne.

IPHICRATE, *au désespoir, courant après lui l'épée à la main*: Juste Ciel! Peut-on être plus malheureux et plus outragé que je le suis? Misérable, tu ne mérites pas de vivre.

ARLEQUIN: Doucement; tes forces sont bien diminuées, car je ne t'obéis plus, prends-y garde.

Scène 2

TRIVELIN *avec cinq ou six
insulaires arrive conduisant
une Dame et la suivante,
et ils accourent à* IPHICRATE
qu'ils voient l'épée à la main

TRIVELIN, *faisant saisir et désarmer Iphicrate par ses gens*: Arrêtez, que voulez-vous faire?

IPHICRATE: Punir l'insolence de mon esclave.

TRIVELIN: Votre esclave? vous vous trompez, et l'on vous apprendra à corriger vos termes. *(Il prend l'épée d'Iphicrate et la donne à Arlequin)* Prenez cette épée, mon camarade, elle est à vous.

ARLEQUIN: Que le Ciel vous tienne gaillard [1], brave camarade que vous êtes.

---

1. Fringant, vif, vigoureux, plein d'allant, impliquant la santé et

TRIVELIN : Comment vous appelez-vous ?

ARLEQUIN : Est-ce mon nom que vous demandez ?

TRIVELIN : Oui vraiment.

ARLEQUIN : Je n'en ai point, mon camarade.

TRIVELIN : Quoi donc, vous n'en avez pas ?

ARLEQUIN : Non, mon camarade, je n'ai que des sobriquets qu'il m'a donnés ; il m'appelle quelquefois Arlequin, quelquefois Hé.

TRIVELIN : Hé, le terme est sans façon ; je reconnais ces messieurs à de pareilles licences ; et lui comment s'appelle-t-il ?

ARLEQUIN : Oh diantre, il s'appelle par un nom lui ; c'est le seigneur Iphicrate.

TRIVELIN : Eh bien, changez de nom à présent ; soyez le seigneur Iphicrate à votre tour ; et vous, Iphicrate, appelez-vous Arlequin, ou bien Hé.

ARLEQUIN, *sautant de joie*, *à son maître* : Oh, oh, que nous allons rire ! Seigneur Hé.

TRIVELIN, *à Arlequin* : Souvenez-vous en prenant son nom, mon cher ami, qu'on vous le donne bien moins pour réjouir votre vanité, que pour le corriger de son orgueil.

ARLEQUIN : Oui, oui, corrigeons, corrigeons.

IPHICRATE, *regardant Arlequin* : Maraud !

ARLEQUIN : Parlez donc, mon bon ami, voilà encore une licence qui lui prend ; cela est-il du jeu ?

---

la bonne humeur, la gaieté. Dans la bouche d'Arlequin, le mot a plutôt ce dernier sens, voir *Le Prince travesti*, I, sc. 3 : « ARLEQUIN : Pardi ! je ris toujours ; que voulez-vous ? je n'ai rien à perdre. Vous vous amusez à être riches, vous autres, et moi je m'amuse à être gaillard ; il faut bien que chacun ait son amusette en ce monde. »

TRIVELIN, *à Arlequin*: Dans ce moment-ci, il peut vous dire tout ce qu'il voudra. *(À Iphicrate)* Arlequin, votre aventure vous afflige, et vous êtes outré contre Iphicrate et contre nous. Ne vous gênez point, soulagez-vous par l'emportement le plus vif; traitez-le de misérable et nous aussi, tout vous est permis à présent: mais ce moment-ci passé, n'oubliez pas que vous êtes Arlequin, que voici Iphicrate, et que vous êtes auprès de lui ce qu'il était auprès de vous: ce sont là nos lois, et ma charge dans la République [1] est de les faire observer en ce canton-ci.

ARLEQUIN: Ah, la belle charge!

IPHICRATE: Moi, l'esclave de ce misérable!

TRIVELIN: Il a bien été le vôtre.

ARLEQUIN: Hélas! il n'a qu'à être bien obéissant, j'aurai mille bontés pour lui.

IPHICRATE: Vous me donnez la liberté de lui dire ce qu'il me plaira, ce n'est pas assez; qu'on m'accorde encore un bâton.

ARLEQUIN: Camarade, il demande à parler à mon dos, et je le mets sous la protection de la République, au moins.

TRIVELIN: Ne craignez rien.

CLÉANTHIS, *à Trivelin*: Monsieur, je suis esclave

---

1. Désigne ici sans doute une forme de gouvernement qui s'oppose à la monarchie (le gouvernement personnel). L'Île des Esclaves, l'Île des «Révoltés» (sc. 1), a adopté une forme de gouvernement par le peuple, le «petit peuple» qui s'est révolté contre la soumission à l'égard d'une seule caste de la société (la noblesse). Les esclaves sur l'île se sont d'abord vengés de leurs maîtres en les tuant, ensuite, radoucis, ils décidèrent de les corriger moralement, comme l'établit Trivelin dans sa tirade pp. 17-18.

aussi, moi, et du même vaisseau ; ne m'oubliez pas, s'il vous plaît.

TRIVELIN : Non, ma belle enfant ; j'ai bien connu votre condition à votre habit, et j'allais vous parler de ce qui vous regarde, quand je l'ai vu l'épée à la main : laissez-moi achever ce que j'avais à dire. Arlequin ?

ARLEQUIN, *croyant qu'on l'appelle* : Eh… À propos, je m'appelle Iphicrate.

TRIVELIN, *continuant* : Tâchez de vous calmer ; vous savez qui nous sommes, sans doute.

ARLEQUIN : Oh morbleu, d'aimables gens.

CLÉANTHIS : Et raisonnables.

TRIVELIN : Ne m'interrompez point, mes enfants. Je pense donc que vous savez qui nous sommes. Quand nos pères irrités de la cruauté de leurs maîtres quittèrent la Grèce et vinrent s'établir ici, dans le ressentiment des outrages qu'ils avaient reçus de leurs patrons ; la première loi qu'ils y firent, fut d'ôter la vie à tous les maîtres que le hasard ou le naufrage conduirait dans leur île, et conséquemment de rendre la liberté à tous les esclaves : la vengeance avait dicté cette loi ; vingt ans après la raison l'abolit, et en dicta une plus douce. Nous ne nous vengeons plus de vous, nous vous corrigeons ; ce n'est plus votre vie que nous poursuivons, c'est la barbarie de vos cœurs que nous voulons détruire ; nous vous jetons dans l'esclavage, pour vous rendre sensibles aux maux qu'on y éprouve ; nous vous humilions, afin que nous trouvant superbes[1], vous vous reprochiez de l'avoir été. Votre esclavage, ou plutôt votre cours d'humanité

---

1. Ici : orgueilleux, fier, arrogant.

dure trois ans, au bout desquels on vous renvoie, si vos maîtres sont contents de vos progrès : et si vous ne devenez pas meilleurs, nous vous retenons par charité pour les nouveaux malheureux que vous iriez faire encore ailleurs ; et par bonté pour vous, nous vous marions avec une de nos citoyennes. Ce sont là nos lois à cet égard, mettez à profit leur rigueur salutaire. Remerciez le sort qui vous conduit ici ; il vous remet en nos mains, durs, injustes et superbes ; vous voilà en mauvais état, nous entreprenons de vous guérir ; vous êtes moins nos esclaves que nos malades, et nous ne prenons que trois ans pour vous rendre sains, c'est-à-dire, humains, raisonnables, et généreux pour toute votre vie.

ARLEQUIN : Et le tout *gratis*, sans purgation ni saignée. Peut-on de la santé[1] à meilleur compte ?

TRIVELIN : Au reste, ne cherchez point à vous sauver de ces lieux, vous le tenteriez sans succès, et vous feriez votre fortune[2] plus mauvaise : commencez votre nouveau régime de vie par la patience.

ARLEQUIN : Dès que c'est pour son bien, qu'y a-t-il à dire ?

TRIVELIN, *aux esclaves* : Quant à vous, mes enfants, qui devenez libres et citoyens, Iphicrate habitera cette case avec le nouvel Arlequin, et cette belle fille demeurera dans l'autre : vous aurez soin de changer d'habit ensemble ; c'est l'ordre[3]. (*À Arlequin*) Passez maintenant dans une maison qui est à côté, où l'on

---

1. « *Pouvoir de* la santé » a le sens particulier de « être capable de se garantir une bonne santé ».
2. Ici : le sort.
3. « C'est dans l'ordre des choses. »

vous donnera à manger, si vous en avez besoin. Je vous apprends au reste, que vous avez huit jours à vous réjouir du changement de votre état ; après quoi l'on vous donnera, comme à tout le monde, une occupation convenable. Allez, je vous attends ici. *(Aux insulaires)* Qu'on les conduise. *(Aux femmes)* Et vous autres, restez.

> *Arlequin en s'en allant fait de grandes révérences à Cléanthis.*

Scène 3

TRIVELIN, CLÉANTHIS
esclave,
EUPHROSINE *sa maîtresse*

TRIVELIN : Ah ça, ma compatriote ; car je regarde désormais notre île comme votre patrie ; dites-moi aussi votre nom ?

CLÉANTHIS, *saluant* : Je m'appelle Cléanthis, et elle Euphrosine.

TRIVELIN : Cléanthis ; passe pour cela.

CLÉANTHIS : J'ai aussi des surnoms ; vous plaît-il de les savoir ?

TRIVELIN : Oui-da. Et quels sont-ils ?

CLÉANTHIS : J'en ai une liste : Sotte, Ridicule, Bête, Butorde, Imbécile, *et cætera.*

EUPHROSINE, *en soupirant* : Impertinente que vous êtes !

CLÉANTHIS : Tenez, tenez, en voilà encore un que j'oubliais.

TRIVELIN : Effectivement, elle vous prend sur le fait. Dans votre pays, Euphrosine, on a bientôt dit des injures à ceux à qui l'on en peut dire impunément.

EUPHROSINE : Hélas ! que voulez-vous que je lui réponde, dans l'étrange aventure où je me trouve.

CLÉANTHIS : Oh dame, il n'est plus si aisé de me répondre. Autrefois il n'y avait rien de si commode ; on n'avait affaire qu'à de pauvres gens : fallait-il tant de cérémonies ? (Faites cela, je le veux ; taisez-vous, sotte ?) voilà qui était fini. Mais à présent il faut parler raison : c'est un langage étranger pour Madame, elle l'apprendra avec le temps ; il faut se donner patience : je ferai de mon mieux pour l'avancer[1].

TRIVELIN, *à Cléanthis* : Modérez-vous, Euphrosine. (*À Euphrosine*) Et vous, Cléanthis, ne vous abandonnez point à votre douleur. Je ne puis changer nos lois, ni vous en affranchir : je vous ai montré combien elles étaient louables et salutaires pour vous.

CLÉANTHIS : Hum. Elle me trompera bien si elle amende[2].

TRIVELIN : Mais comme vous êtes d'un sexe naturellement assez faible, et que par là vous avez dû céder plus facilement qu'un homme aux exemples de hauteur, de mépris et de dureté qu'on vous a donnés chez vous contre leurs pareils ; tout ce que je puis

---

1. « Pour la faire progresser. »
2. Corrige, améliore. Employée de façon intransitive, sans la forme pronominale, l'expression signifie : « Si elle corrige, ou améliore, sa façon d'être et d'agir. »

faire pour vous, c'est de prier Euphrosine de peser avec bonté les torts que vous avez avec elle, afin de les peser avec justice.

CLÉANTHIS : Oh tenez, tout cela est trop savant pour moi, je n'y comprends rien ; j'irai le grand chemin, je pèserai comme elle pesait ; ce qui viendra, nous le prendrons.

TRIVELIN : Doucement, point de vengeance.

CLÉANTHIS : Mais, notre bon ami, au bout du compte, vous parlez de son sexe ; elle a le défaut d'être faible, je lui en offre autant ; je n'ai pas la vertu d'être forte. S'il faut que j'excuse toutes ses mauvaises manières à mon égard, il faudra donc qu'elle excuse aussi la rancune que j'en ai contre elle ; car je suis femme autant qu'elle, moi : voyons qui est-ce qui décidera. Ne suis-je pas la maîtresse, une fois[1] ? Eh bien, qu'elle commence toujours par excuser ma rancune ; et puis, moi, je lui pardonnerai quand je pourrai ce qu'elle m'a fait : qu'elle attende.

EUPHROSINE, *à Trivelin* : Quels discours ! Faut-il que vous m'exposiez à les entendre !

CLÉANTHIS : Souffrez-les, Madame ; c'est le fruit de vos œuvres.

TRIVELIN : Allons, Euphrosine, modérez-vous.

CLÉANTHIS : Que voulez-vous que je vous dise : quand on a de la colère, il n'y a rien de tel pour la passer, que de la contenter un peu, voyez-vous ; quand je l'aurai querellée à mon aise une douzaine de fois seulement, elle en sera quitte ; mais il me faut cela.

---

1. Une fois pour toutes, pour de bon.

TRIVELIN, *à part à Euphrosine* : Il faut que ceci ait son cours ; mais consolez-vous, cela finira plus tôt que vous ne pensez. *(À Cléanthis)* J'espère, Euphrosine, que vous perdrez votre ressentiment, et je vous y exhorte en ami. Venons maintenant à l'examen de son caractère : il est nécessaire que vous m'en donniez un portrait qui se doit faire devant la personne qu'on peint, afin qu'elle se connaisse, qu'elle rougisse de ses ridicules, si elle en a, et qu'elle se corrige. Nous avons là de bonnes intentions, comme vous voyez. Allons commençons.

CLÉANTHIS : Oh que cela est bien inventé ! Allons, me voilà prête ; interrogez-moi, je suis dans mon fort.

EUPHROSINE, *doucement* : Je vous prie, Monsieur, que je me retire, et que je n'entende point ce qu'elle va dire.

TRIVELIN : Hélas ! ma chère Dame, cela n'est fait que pour vous ; il faut que vous soyez présente.

CLÉANTHIS : Restez, restez, un peu de honte est bientôt passée.

TRIVELIN : Vaine minaudière et coquette, voilà d'abord à peu près sur quoi je vais vous interroger au hasard. Cela la regarde-t-il ?

CLÉANTHIS : Vaine minaudière et coquette ; si cela la regarde ? Eh voilà ma chère maîtresse ! cela lui ressemble comme son visage.

EUPHROSINE : N'en voilà-t-il pas assez, Monsieur.

TRIVELIN : Ah, je vous félicite du petit embarras que cela vous donne ; vous sentez, c'est bon signe, et j'en augure bien pour l'avenir : mais ce ne sont encore là que les grands traits ; détaillons un peu cela.

En quoi donc, par exemple, lui trouvez-vous les défauts dont nous parlons ?

CLÉANTHIS : En quoi ? partout, à toute heure, en tous lieux ; je vous ai dit de m'interroger ; mais par où commencer, je n'en sais rien, je m'y perds ; il y a tant de choses, j'en ai tant vu, tant remarqué de toutes les espèces, que cela me brouille. Madame se tait, Madame parle ; elle regarde, elle est triste, elle est gaie : silence, discours, regards, tristesse, et joie ; c'est tout un, il n'y a que la couleur de différente ; c'est vanité muette, contente ou fâchée ; c'est coquetterie babillarde, jalouse ou curieuse ; c'est Madame, toujours vaine ou coquette l'un après l'autre, ou tous les deux à la fois : voilà ce que c'est, voilà par où je débute, rien que cela.

EUPHROSINE : Je n'y saurais tenir.

TRIVELIN : Attendez donc, ce n'est qu'un début.

CLÉANTHIS : Madame se lève, a-t-elle bien dormi, le sommeil l'a-t-il rendu[1] belle, se sent-elle du vif, du sémillant dans les yeux ; vite sur les armes, la journée sera glorieuse : qu'on m'habille ; Madame verra du monde aujourd'hui ; elle ira aux spectacles, aux promenades, aux assemblées ; son visage peut se manifester, peut soutenir le grand jour, il fera plaisir à voir, il n'y a qu'à le promener hardiment, il est en état, il n'y a rien à craindre.

TRIVELIN, *à Euphrosine* : Elle développe assez bien cela.

---

1. Au XVIIIe siècle, les règles d'accord du participe passé ne s'appliquaient pas comme vous les connaissez aujourd'hui. Vous trouverez donc des écarts, que nous avons maintenus par fidélité au texte.

CLÉANTHIS: Madame, au contraire, a-t-elle mal reposé: Ah! qu'on m'apporte un miroir? comme me voilà faite! que je suis mal bâtie! Cependant on se mire, on éprouve son visage de toutes les façons, rien ne réussit; des yeux battus, un teint fatigué; voilà qui est fini, il faut envelopper ce visage-là[1], nous n'aurons que du négligé, Madame ne verra personne aujourd'hui, pas même le jour, si elle peut, du moins fera-t-il sombre dans la chambre[2]. Cependant il vient compagnie, on entre: que va-t-on penser du visage de Madame? on croira qu'elle enlaidit: donnera-t-elle ce plaisir-là à ses bonnes amies? non, il y a remède à tout: vous allez voir. Comment vous portez-vous, Madame? Très mal, Madame. J'ai perdu le sommeil; il y a huit jours que je n'ai fermé l'œil; je n'ose pas me montrer, je fais peur. Et cela veut dire: Messieurs, figurez-vous que ce n'est point moi, au moins; ne me regardez pas; remettez à me voir; ne me jugez pas aujourd'hui; attendez que j'aie dormi. J'entendais tout cela, moi; car nous autres esclaves, nous sommes doués contre nos maîtres d'une pénétration. Oh! ce sont de pauvres gens pour nous.

TRIVELIN, à Euphrosine: Courage, Madame, profitez de cette peinture-là, car elle me paraît fidèle.

EUPHROSINE: Je ne sais où j'en suis.

---

1. Au sens propre, comme le montre la suite de la phrase, la mauvaise mine sera cause que la coquette ne s'habillera que d'un négligé qui aura la vertu de détourner l'attention du visage pour faire plus remarquer l'ensemble. Au sens figuré, la coquette affligée d'un visage fatigué ne se montrera pas, et restera cachée, enveloppée dans l'obscurité de ses appartements.
2. À l'époque, ce mot a le sens général de pièce.

CLÉANTHIS: Vous en êtes aux deux tiers, et j'achèverai pourvu que cela ne vous ennuie pas.

TRIVELIN: Achevez, achevez; Madame soutiendra bien le reste.

CLÉANTHIS: Vous souvenez-vous d'un soir où vous étiez avec ce cavalier[1] si bien fait? j'étais dans la chambre: vous vous entreteniez bas; mais j'ai l'oreille fine: vous vouliez lui plaire sans faire semblant de rien; vous parliez d'une femme qu'il voyait souvent. Cette femme-là est aimable, disiez-vous; elle a les yeux petits, mais très doux: et là-dessus vous ouvriez les vôtres, vous vous donniez des tons, des gestes de tête, de petites contorsions, des vivacités. Je riais. Vous réussîtes pourtant, le cavalier s'y prit; il vous offrit son cœur. À moi? lui dites-vous: Oui, Madame, à vous-même; à tout ce qu'il y a de plus aimable au monde. Continuez folâtre, continuez, dites-vous, en ôtant vos gants sous prétexte de m'en demander d'autres: mais vous avez la main belle, il la vit, il la prit, il la baisa, cela anima sa déclaration; et c'était là les gants que vous demandiez. Eh bien, y suis-je?

TRIVELIN, *à Euphrosine*: En vérité, elle a raison.

CLÉANTHIS: Écoutez, écoutez, voici le plus plaisant. Un jour qu'elle pouvait m'entendre, et qu'elle croyait que je ne m'en doutais pas, je parlais d'elle, et je dis: Oh pour cela, il faut l'avouer, Madame est une des plus belles femmes du monde. Que de bontés pendant huit jours, ce petit mot-là ne me valut-il pas? J'essayai en pareille occasion de dire que Madame

---

1. Homme de bonne société, ayant des rapports galants avec les femmes.

était une femme très raisonnable : oh je n'eus rien, cela ne prit point ; et c'était bien fait, car je la flattais.

EUPHROSINE : Monsieur, je ne resterai point, ou l'on me fera rester par force ; je ne puis en souffrir davantage.

TRIVELIN : En voilà donc assez pour à présent.

CLÉANTHIS : J'allais parler des vapeurs de mignardise auxquelles Madame est sujette à la moindre odeur. Elle ne sait pas qu'un jour, je mis à son insu des fleurs dans la ruelle de son lit pour voir ce qu'il en serait. J'attendais une vapeur, elle est encore à venir. Le lendemain en compagnie une rose parut, crac, la vapeur arrive.

TRIVELIN : Cela suffit, Euphrosine, promenez-vous un moment à quelques pas de nous, parce que j'ai quelque chose à lui dire ; elle ira vous rejoindre ensuite.

CLÉANTHIS, *s'en allant* : Recommandez-lui d'être docile, au moins. Adieu, notre bon ami, je vous ai diverti, j'en suis bien aise ; une autre fois je vous dirai comme quoi Madame s'abstient souvent de mettre de beaux habits, pour en mettre un négligé qui lui marque tendrement la taille. C'est encore une finesse que cet habit-là ; on dirait qu'une femme qui le met ne se soucie pas de paraître : mais à d'autres ; on s'y ramasse dans un corset appétissant, on y montre sa bonne façon naturelle ; on y dit aux gens : Regardez mes grâces, elles sont à moi celles-là ; et d'un autre côté on veut leur dire aussi : Voyez comme je m'habille, quelle simplicité, il n'y a point de coquetterie dans mon fait.

TRIVELIN : Mais je vous ai prié de nous laisser.

CLÉANTHIS: Je sors, et tantôt nous reprendrons le discours qui sera fort divertissant; car vous verrez aussi comme quoi Madame entre dans une loge au spectacle, avec quelle emphase, avec quel air imposant, quoique d'un air distrait et sans y penser; car c'est la belle éducation qui donne cet orgueil-là. Vous verrez comme dans la loge on y jette un regard indifférent et dédaigneux sur des femmes qui sont à côté, et qu'on ne connaît pas. Bonjour, notre bon ami, je vais à notre auberge.

Scène 4

TRIVELIN, EUPHROSINE

TRIVELIN: Cette scène-ci vous a un peu fatiguée, mais cela ne vous nuira pas.

EUPHROSINE: Vous êtes des barbares.

TRIVELIN: Nous sommes d'honnêtes gens qui vous instruisons; voilà tout: il vous reste encore à satisfaire à une petite formalité.

EUPHROSINE: Encore des formalités!

TRIVELIN: Celle-ci est moins que rien; je dois faire rapport de tout ce que je viens d'entendre, et de tout ce que vous m'allez répondre. Convenez-vous de tous les sentiments coquets, de toutes les singeries d'amour-propre qu'elle vient de vous attribuer?

EUPHROSINE: Moi, j'en conviendrais! Quoi, de pareilles faussetés sont-elles croyables?

TRIVELIN: Oh très croyables, prenez-y garde. Si

vous en convenez, cela contribuera à rendre votre condition meilleure : je ne vous en dis pas davantage. On espérera que vous étant reconnue, vous abjurerez un jour toutes ces folies qui font qu'on n'aime que soi, et qui ont distrait votre bon cœur d'une infinité d'attentions plus louables. Si au contraire vous ne convenez pas de ce qu'elle a dit, on vous regardera comme incorrigible, et cela reculera votre délivrance. Voyez, consultez-vous.

EUPHROSINE : Ma délivrance ! Eh puis-je l'espérer ?

TRIVELIN : Oui, je vous la garantis aux conditions que je vous dis.

EUPHROSINE : Bientôt ?

TRIVELIN : Sans doute.

EUPHROSINE : Monsieur, faites donc comme si j'étais convenue de tout.

TRIVELIN : Quoi, vous me conseillez de mentir ?

EUPHROSINE : En vérité, voilà d'étranges conditions, cela révolte !

TRIVELIN : Elles humilient un peu, mais cela est fort bon. Déterminez-vous ; une liberté très prochaine est le prix de la vérité. Allons, ne ressemblez-vous pas au portrait qu'on a fait ?

EUPHROSINE : Mais...

TRIVELIN : Quoi ?

EUPHROSINE : Il y a du vrai, par-ci, par-là.

TRIVELIN : Par-ci, par-là, n'est point votre compte. Avouez-vous tous les faits ? en a-t-elle trop dit ? n'a-t-elle dit que ce qu'il faut ? Hâtez-vous ? j'ai autre chose à faire.

EUPHROSINE : Vous faut-il une réponse si exacte ?

TRIVELIN : Eh oui, Madame, et le tout pour votre bien.

EUPHROSINE : Eh bien…

TRIVELIN : Après ?

EUPHROSINE : Je suis jeune…

TRIVELIN : Je ne vous demande pas votre âge.

EUPHROSINE : On est d'un certain rang, on aime à plaire.

TRIVELIN : Et c'est ce qui fait que le portrait vous ressemble.

EUPHROSINE : Je crois qu'oui.

TRIVELIN : Eh voilà ce qu'il nous fallait. Vous trouvez aussi le portrait un peu risible, n'est-ce pas ?

EUPHROSINE : Il faut bien l'avouer.

TRIVELIN : À merveilles : Je suis content, ma chère Dame. Allez rejoindre Cléanthis ; je lui rends déjà son véritable nom, pour vous donner encore des gages de ma parole. Ne vous impatientez point, montrez un peu de docilité, et le moment espéré arrivera.

EUPHROSINE : Je m'en fie à vous.

Scène 5

ARLEQUIN, IPHICRATE,
qui ont changé d'habit,
TRIVELIN

ARLEQUIN : Tirlan, tirlan, tirlantaine, tirlanton. Gai, camarade, le vin de la République est merveilleux, j'en ai bu bravement ma pinte ; car je suis si altéré depuis que je suis maître, tantôt j'aurai encore soif pour pinte. Que le Ciel conserve la vigne, le vigneron, la vendange et les caves de notre admirable République !

TRIVELIN : Bon, réjouissez-vous, mon camarade. Êtes-vous content d'Arlequin ?

ARLEQUIN : Oui, c'est un bon enfant, j'en ferai quelque chose. Il soupire parfois, et je lui ai défendu cela, sous peine de désobéissance, et je lui ordonne de la joie. *(Il prend son maître par la main et danse.)* Tala rara la la…

TRIVELIN : Vous me réjouissez moi-même.

ARLEQUIN : Oh quand je suis gai, je suis de bonne humeur.

TRIVELIN : Fort bien. Je suis charmé de vous voir satisfait d'Arlequin. Vous n'aviez pas beaucoup à vous plaindre de lui dans son pays, apparemment ?

ARLEQUIN : Hé ! là-bas ? Je lui voulais souvent un mal de diable, car il était quelquefois insupportable : mais à cette heure que je suis heureux, tout est payé, je lui ai donné quittance.

TRIVELIN : Je vous aime de ce caractère, et vous me touchez. C'est-à-dire vous jouirez modestement de votre bonne fortune, et que vous ne lui ferez point de peine.

ARLEQUIN : De la peine ? ah le pauvre homme ! Peut-être que je serai un petit brin insolent, à cause que je suis le maître : voilà tout.

TRIVELIN : À cause que je suis le maître : vous avez raison.

ARLEQUIN : Oui ; car quand on est le maître, on y va tout rondement sans façon ; et si peu de façon mène quelquefois un honnête homme à des impertinences.

TRIVELIN : Oh n'importe, je vois bien que vous n'êtes point méchant.

ARLEQUIN : Hélas ! je ne suis que mutin.

TRIVELIN, *à Iphicrate* : Ne vous épouvantez point de ce que je vais dire. *(À Arlequin)* Instruisez-moi d'une chose : comment se gouvernait-il là-bas ; avait-il quelque défaut d'humeur, de caractère ?

ARLEQUIN, *riant* : Ah ! mon camarade, vous avez de la malice, vous demandez la comédie.

TRIVELIN : Ce caractère-là est donc bien plaisant ?

ARLEQUIN : Ma foi, c'est une farce.

TRIVELIN : N'importe, nous en rirons.

ARLEQUIN, *à Iphicrate* : Arlequin, me promets-tu d'en rire aussi ?

IPHICRATE, *bas* : Veux-tu achever de me désespérer ; que vas-tu lui dire ?

ARLEQUIN : Laisse-moi faire ; quand je t'aurai offensé, je te demanderai pardon après.

TRIVELIN : Il ne s'agit que d'une bagatelle ; j'en ai demandé autant à la jeune fille que vous avez vue, sur le chapitre de sa maîtresse.

ARLEQUIN : Eh bien, tout ce qu'elle vous a dit, c'était des folies qui faisaient pitié, des misères ; gageons ?

TRIVELIN : Cela est encore vrai.

ARLEQUIN : Eh bien je vous en offre autant, ce pauvre jeune garçon n'en fournira pas davantage ;

extravagance et misère, voilà son paquet : n'est-ce pas là de belles guenilles pour les étaler ? étourdi par nature, étourdi par singerie, parce que les femmes les aiment comme cela ; un dissipe-tout ; vilain[1] quand il faut être libéral, libéral quand il faut être vilain ; bon emprunteur, mauvais payeur ; honteux d'être sage, glorieux d'être fou ; un petit brin moqueur des bonnes gens ; un petit brin hâbleur ; avec tout plein de maîtresses qu'il ne connaît pas : voilà mon homme. Est-ce la peine d'en tirer le portrait ? *(À Iphicrate)* Non, je n'en ferai rien, mon ami, ne crains rien.

TRIVELIN : Cette ébauche me suffit. *(À Iphicrate)* Vous n'avez plus maintenant qu'à certifier pour véritable ce qu'il vient de dire.

IPHICRATE : Moi ?

TRIVELIN : Vous-même. La dame de tantôt en a fait autant ; elle vous dira ce qui l'y a déterminée. Croyez-moi, il y va du plus grand bien que vous puissiez souhaiter.

IPHICRATE : Du plus grand bien ? Si cela est, il y a là quelque chose qui pourrait assez me convenir d'une certaine façon.

ARLEQUIN : Prends tout, c'est un habit fait sur ta taille.

TRIVELIN : Il me faut tout ou rien.

IPHICRATE : Voulez-vous que je m'avoue un ridicule[2] ?

ARLEQUIN : Qu'importe, quand on l'a été.

---

1. Ici : avare.
2. Le mot est ici un substantif et non un adjectif. Il désigne un type d'homme.

TRIVELIN : N'avez-vous que cela à me dire ?

IPHICRATE : Va donc pour la moitié, pour me tirer d'affaire.

TRIVELIN : Va du tout.

IPHICRATE : Soit.

Arlequin rit de toute sa force.

TRIVELIN : Vous avez fort bien fait, vous n'y perdrez rien. Adieu, vous saurez bientôt de mes nouvelles.

Scène 6

CLÉANTHIS, IPHICRATE,
ARLEQUIN, EUPHROSINE

CLÉANTHIS : Seigneur Iphicrate, peut-on vous demander de quoi vous riez ?

ARLEQUIN : Je ris de mon Arlequin qui a confessé qu'il était un ridicule.

CLÉANTHIS : Cela me surprend, car il a la mine d'un homme raisonnable. Si vous voulez voir une coquette de son propre aveu, regardez ma suivante ?

ARLEQUIN, *la regardant* : Malepeste, quand ce visage-là fait le fripon, c'est bien son métier. Mais parlons d'autres choses, ma belle Damoiselle[1] : qu'est-ce

---

1. Mot ancien resté dans le langage populaire qu'Arlequin prend pour un mot du vocabulaire soutenu des conversations galantes.

que nous ferons à cette heure que nous sommes gaillards ?

CLÉANTHIS : Eh ! mais la belle conversation !

ARLEQUIN : Je crains que cela ne vous fasse bâiller, j'en bâille déjà. Si je devenais amoureux de vous, cela amuserait davantage.

CLÉANTHIS : Eh bien, faites. Soupirez pour moi, poursuivez mon cœur, prenez-le si vous pouvez, je ne vous en empêche pas ; c'est à vous à faire vos diligences, me voilà, je vous attends : mais traitons l'amour à la grande manière ; puisque nous sommes devenus maîtres, allons-y poliment, et comme le grand monde.

ARLEQUIN : Oui-da, nous n'en irons que meilleur train.

CLÉANTHIS : Je suis d'avis d'une chose ; que nous disions qu'on nous apporte des sièges pour prendre l'air assis [1], et pour écouter les discours galants que vous m'allez tenir : il faut bien jouir de notre état, en goûter le plaisir.

ARLEQUIN : Votre volonté vaut une ordonnance. *(À Iphicrate)* Arlequin, vite des sièges pour moi, et des fauteuils pour Madame.

IPHICRATE : Peux-tu m'employer à cela !

ARLEQUIN : La République le veut.

CLÉANTHIS : Tenez, tenez, promenons-nous plutôt de cette manière-là, et tout en conversant vous ferez adroitement tomber l'entretien sur le penchant que mes yeux vous ont inspiré pour moi. Car encore

---

1. Pour prendre l'air [du grand monde] en étant assis.

une fois nous sommes d'honnêtes gens à cette heure; il faut songer à cela, il n'est plus question de familiarité domestique. Allons, procédons noblement, n'épargnez ni compliments, ni révérences.

ARLEQUIN: Et vous, n'épargnez point les mines. Courage; quand ce ne serait que pour nous moquer de nos patrons. Garderons-nous nos gens?

CLÉANTHIS: Sans difficulté: pouvons-nous être sans eux, c'est notre suite; qu'ils s'éloignent seulement.

ARLEQUIN, *à Iphicrate*: Qu'on se retire à dix pas.

> *Iphicrate et Euphrosine s'éloignent en faisant des gestes d'étonnement et de douleur; Cléanthis regarde aller Iphicrate, et Arlequin Euphrosine.*

ARLEQUIN, *se promenant sur le théâtre avec Cléanthis*: Remarquez-vous, Madame, la clarté du jour.

CLÉANTHIS: Il fait le plus beau temps du monde; on appelle cela un jour tendre.

ARLEQUIN: Un jour tendre? Je ressemble donc au jour, Madame.

CLÉANTHIS: Comment, vous lui ressemblez?

ARLEQUIN: Et palsambleu le moyen de n'être pas tendre, quand on se trouve tête à tête avec vos grâces. (*À ce mot il saute de joie*) Oh, oh, oh, oh!

CLÉANTHIS: Qu'avez-vous donc, vous défigurez notre conversation?

ARLEQUIN: Oh ce n'est rien, c'est que je m'applaudis.

CLÉANTHIS: Rayez ces applaudissements, ils nous

dérangent. (*Continuant*) Je savais bien que mes grâces entreraient pour quelque chose ici, Monsieur, vous êtes galant, vous vous promenez avec moi, vous me dites des douceurs ; mais finissons, en voilà assez, je vous dispense des compliments.

ARLEQUIN : Et moi, je vous remercie de vos dispenses.

CLÉANTHIS : Vous m'allez dire que vous m'aimez, je le vois bien : Dites, Monsieur, dites, heureusement on n'en croira rien ; vous êtes aimable, mais coquet, et vous ne persuaderez pas.

ARLEQUIN, *l'arrêtant par le bras, et se mettant à genoux* : Faut-il m'agenouiller, Madame, pour vous convaincre de mes flammes, et de la sincérité de mes feux ?

CLÉANTHIS : Mais ceci devient sérieux : laissez-moi, je ne veux point d'affaire[1] ; levez-vous. Quelle vivacité ! Faut-il vous dire qu'on vous aime ? Ne peut-on en être quitte à moins ? Cela est étrange !

ARLEQUIN, *riant à genoux* : Ah, ah, ah, que cela va bien ! Nous sommes aussi bouffons que nos patrons ; mais nous sommes plus sages.

CLÉANTHIS : Oh vous riez, vous gâtez tout.

ARLEQUIN : Ah, ah, par ma foi vous êtes bien aimable, et moi aussi. Savez-vous bien ce que je pense ?

CLÉANTHIS : Quoi ?

ARLEQUIN : Premièrement, vous ne m'aimez pas, sinon par coquetterie, comme le grand monde.

---

1. Liaison amoureuse. Sens que la langue anglaise a gardé (« *to have an affair* » signifie « avoir une liaison »).

CLÉANTHIS: Pas encore, mais il ne s'en fallait plus que d'un mot, quand vous m'avez interrompue. Et vous, m'aimez-vous?

ARLEQUIN: J'y allais aussi quand il m'est venu une pensée. Comment trouvez-vous mon Arlequin?

CLÉANTHIS: Fort à mon gré. Mais que dites-vous de ma suivante?

ARLEQUIN: Qu'elle est friponne!

CLÉANTHIS: J'entrevois votre pensée.

ARLEQUIN: Voilà ce que c'est: tombez amoureuse d'Arlequin, et moi de votre suivante; nous sommes assez forts pour soutenir cela.

CLÉANTHIS: Cette imagination-là me rit assez; ils ne sauraient mieux faire que de nous aimer, dans le fond.

ARLEQUIN: Ils n'ont jamais rien aimé de si raisonnable, et nous sommes d'excellents partis pour eux.

CLÉANTHIS: Soit. Inspirez à Arlequin de s'attacher à moi, faites-lui sentir l'avantage qu'il y trouvera dans la situation où il est; qu'il m'épouse, il sortira tout d'un coup d'esclavage; cela est bien aisé, au bout du compte. Je n'étais ces jours passés qu'une esclave; mais enfin me voilà dame et maîtresse d'aussi bon jeu qu'une autre: je la suis par hasard; n'est-ce pas le hasard qui fait tout? qu'y a-t-il à dire à cela? j'ai même un visage de condition[1], tout le monde me l'a dit.

ARLEQUIN: Pardi je vous prendrais bien, moi, si

---

1. Le mot a la signification neutre de «condition sociale» ou «rang social».

je n'aimais pas votre suivante un petit brin plus que vous. Conseillez-lui aussi de l'amour pour ma petite personne qui, comme vous voyez, n'est pas désagréable.

CLÉANTHIS : Vous allez être content ; je vais appeler Cléanthis, je n'ai qu'un mot à lui dire : éloignez-vous un instant, et revenez. Vous parlerez ensuite à Arlequin pour moi, car il faut qu'il commence ; mon sexe, la bienséance et ma dignité le veulent.

ARLEQUIN : Oh, ils le veulent si vous voulez, car dans le grand monde on n'est pas si façonnier ; et sans faire semblant de rien, vous pourriez lui jeter quelque petit mot bien clair à l'aventure pour lui donner courage, à cause que vous êtes plus que lui, c'est l'ordre.

CLÉANTHIS : C'est assez bien raisonner. Effectivement, dans le cas où je suis, il pourrait y avoir de la petitesse à m'assujettir à de certaines formalités qui ne me regardent plus ; je comprends cela à merveille, mais parlez-lui toujours, je vais dire un mot à Cléanthis ; tirez-vous à quartier[1] pour un moment.

ARLEQUIN : Vantez mon mérite, prêtez-m'en un peu à charge de revanche.

CLÉANTHIS : Laissez-moi faire. *(Elle appelle Euphrosine)* Cléanthis ?

_____

1. « Retirez-vous, partez, mettez-vous à l'écart. »

Scène 7

CLÉANTHIS, *et* EUPHROSINE
qui vient doucement

CLÉANTHIS : Approchez, et accoutumez-vous à aller plus vite, car je ne saurais attendre.

EUPHROSINE : De quoi s'agit-il ?

CLÉANTHIS : Venez çà, écoutez-moi : un honnête homme vient de me témoigner qu'il vous aime ; c'est Iphicrate.

EUPHROSINE : Lequel ?

CLÉANTHIS : Lequel ? Y en a-t-il deux ici ? C'est celui qui vient de me quitter.

EUPHROSINE : Eh que veut-il que je fasse de son amour ?

CLÉANTHIS : Eh qu'avez-vous fait de l'amour de ceux qui vous aimaient ? vous voilà bien étourdie : Est-ce le mot d'amour qui vous effarouche ? vous le connaissez tant cet amour ; vous n'avez jusques ici regardé les gens que pour leur en donner ; vos beaux yeux n'ont fait que cela, dédaignent-ils la conquête du seigneur Iphicrate ? il ne vous fera pas de révérences penchées, vous ne lui trouverez point de contenance ridicule, d'airs évaporés ; ce n'est point une tête légère, un petit badin, un petit perfide, un joli volage, un aimable indiscret ; ce n'est point tout cela : ces grâces-là lui manquent, à la vérité ; ce n'est qu'un homme franc, qu'un homme simple dans ses manières, qui n'a pas l'esprit de se donner des airs, qui vous dira qu'il vous aime seulement parce que cela sera vrai : enfin ce n'est qu'un bon cœur, voilà tout ; et cela est fâcheux, cela ne pique point. Mais vous avez l'esprit raisonnable, je vous destine à lui, il fera votre fortune ici, et vous aurez la bonté d'estimer son amour, et vous y serez sensible, entendez-vous ; vous vous conformerez à mes intentions, je l'espère, imaginez-vous même que je le veux.

EUPHROSINE : Où suis-je ! et quand cela finira-t-il ?

Elle rêve[1].

Scène 8

ARLEQUIN, EUPHROSINE

Arlequin arrive en saluant Cléanthis qui sort. Il va tirer Euphrosine par la manche.

EUPHROSINE : Que me voulez-vous ?

ARLEQUIN, *riant* : Eh, eh, eh, ne vous a-t-on pas parlé de moi ?

EUPHROSINE : Laissez-moi, je vous prie.

ARLEQUIN : Eh là là, regardez-moi dans l'œil pour deviner ma pensée ?

EUPHROSINE : Eh pensez ce qu'il vous plaira.

---

1. A ici le sens d'être entièrement absorbé dans ses pensées.

ARLEQUIN : M'entendez-vous un peu ?

EUPHROSINE : Non.

ARLEQUIN : C'est que je n'ai encore rien dit.

EUPHROSINE, *impatiente* : Ahi !

ARLEQUIN : Ne mentez point ; on vous a communiqué les sentiments de mon âme, rien n'est plus obligeant pour vous.

EUPHROSINE : Quel état !

ARLEQUIN : Vous me trouvez un peu nigaud, n'est-il pas vrai ? mais cela se passera ; c'est que je vous aime, et que je ne sais comment vous le dire.

EUPHROSINE : Vous ?

ARLEQUIN : Eh pardi oui ; qu'est-ce qu'on peut faire de mieux ? Vous êtes si belle, il faut bien vous donner son cœur, aussi bien vous le prendriez de vous-même.

EUPHROSINE : Voici le comble de mon infortune.

ARLEQUIN, *lui regardant les mains* : Quelles mains ravissantes ! les jolis petits doigts ! que je serais heureux avec cela ! mon petit cœur en ferait bien son profit. Reine, je suis bien tendre, mais vous ne voyez rien ; si vous aviez la charité d'être tendre aussi, oh ! je deviendrais fou tout à fait.

EUPHROSINE : Tu ne l'es déjà que trop.

ARLEQUIN : Je ne le serai jamais tant que vous en êtes digne.

EUPHROSINE : Je ne suis digne que de pitié, mon enfant.

ARLEQUIN : Bon, bon, à qui est-ce que vous contez cela ? vous êtes digne de toutes les dignités imaginables : un empereur ne vous vaut pas, ni moi non plus : mais me voilà, moi, et un empereur n'y est pas : et un rien qu'on voit, vaut mieux que quelque chose qu'on ne voit pas. Qu'en dites-vous ?

EUPHROSINE : Arlequin, il me semble que tu n'as point le cœur mauvais.

ARLEQUIN : Oh il ne s'en fait plus de cette pâte-là, je suis un mouton.

EUPHROSINE : Respecte donc le malheur que j'éprouve.

ARLEQUIN : Hélas ! je me mettrais à genoux devant lui.

EUPHROSINE : Ne persécute point une infortunée, parce que tu peux la persécuter impunément. Vois l'extrémité où je suis réduite ; et si tu n'as point d'égard au rang que je tenais dans le monde, à ma naissance, à mon éducation ; du moins que mes disgrâces, que mon esclavage, que ma douleur t'attendrisse[1] : tu peux ici m'outrager autant que tu le voudras ; je suis sans asile et sans défense, je n'ai que mon désespoir pour tout secours, j'ai besoin de la compassion de tout le monde, de la tienne même, Arlequin ; voilà l'état où je suis, ne le trouves-tu pas assez misérable ? tu es devenu libre et heureux, cela doit-il te rendre méchant ? Je n'ai pas la force de t'en dire davantage ; je ne t'ai jamais fait de mal, n'ajoute rien à celui que je souffre.

ARLEQUIN, *abattu et les bras abaissés, et comme immobile* : J'ai perdu la parole.

---

1. Le verbe, au singulier, est accordé avec le dernier sujet qui résume les précédents.

Scène 9

IPHICRATE, ARLEQUIN

IPHICRATE : Cléanthis m'a dit que tu voulais t'entretenir avec moi ; que me veux-tu ? as-tu encore quelques nouvelles insultes à me faire ?

ARLEQUIN : Autre personnage qui va me demander encore ma compassion. Je n'ai rien à te dire, mon ami, sinon que je voulais te faire commandement d'aimer la nouvelle Euphrosine : voilà tout. À qui diantre en as-tu ?

IPHICRATE : Peux-tu me le demander, Arlequin ?

ARLEQUIN : Eh pardi oui je le peux, puisque je le fais.

IPHICRATE : On m'avait promis que mon esclavage finirait bientôt, mais on me trompe, et c'en est fait je succombe ; je me meurs, Arlequin, et tu perdras bientôt ce malheureux maître qui ne te croyait pas capable des indignités qu'il a souffertes de toi.

ARLEQUIN : Ah ! il ne nous manquait plus que cela, et nos amours auront bonne mine. Écoute, je te défends de mourir par malice ; par maladie, passe, je te le permets.

IPHICRATE : Les dieux te puniront, Arlequin.

ARLEQUIN : Eh de quoi veux-tu qu'ils me punissent, d'avoir eu du mal toute ma vie ?

IPHICRATE : De ton audace et de tes mépris envers ton maître : rien ne m'a été si sensible, je l'avoue. Tu es né, tu as été élevé avec moi dans la maison de mon père, le tien y est encore ; il t'avait recommandé ton devoir en partant ; moi-même, je t'avais choisi par un sentiment d'amitié pour m'accompagner dans mon voyage ; je croyais que tu m'aimais, et cela m'attachait à toi.

ARLEQUIN, *pleurant* : Et qui est-ce qui te dit que je ne t'aime plus ?

IPHICRATE : Tu m'aimes, et tu me fais mille injures !

ARLEQUIN : Parce que je me moque un petit brin de toi ; cela empêche-t-il que je ne t'aime ? Tu disais bien que tu m'aimais, toi, quand tu me faisais battre ; est-ce que les étrivières sont plus honnêtes que les moqueries ?

IPHICRATE : Je conviens que j'ai pu quelquefois te maltraiter sans trop de sujet.

ARLEQUIN : C'est la vérité.

IPHICRATE : Mais par combien de bontés n'ai-je pas réparé cela ?

ARLEQUIN : Cela n'est pas de ma connaissance.

IPHICRATE : D'ailleurs, ne fallait-il pas te corriger de tes défauts ?

ARLEQUIN : J'ai plus pâti des tiens que des miens : mes plus grands défauts, c'était ta mauvaise humeur, ton autorité, et le peu de cas que tu faisais de ton pauvre esclave.

IPHICRATE : Va, tu n'es qu'un ingrat ; au lieu de me secourir ici, de partager mon affliction, de montrer à tes camarades l'exemple d'un attachement qui les eût touchés, qui les eût engagés peut-être à renoncer à

leur coutume ou à m'en affranchir, et qui m'eût pénétré moi-même de la plus vive reconnaissance.

ARLEQUIN : Tu as raison, mon ami, tu me
remontres bien mon devoir ici pour toi, mais tu n'as
jamais su le tien pour moi, quand nous étions dans
Athènes. Tu veux que je partage ton affliction, et
jamais tu n'as partagé la mienne. Eh bien va, je dois
avoir le cœur meilleur que toi, car il y a plus longtemps que je souffre, et que je sais ce que c'est que
de la peine ; tu m'as battu par amitié, puisque tu le
dis, je te le pardonne ; je t'ai raillé par bonne humeur,
prends-le en bonne part, et fais-en ton profit. Je par-
lerai en ta faveur à mes camarades, je les prierai de
te renvoyer ; et s'ils ne le veulent pas, je te garderai
comme mon ami ; car je ne te ressemble pas, moi, je
n'aurais point le courage d'être heureux à tes dépens.

IPHICRATE, *s'approchant d'Arlequin* : Mon cher Arlequin ! Fasse le Ciel, après ce que je viens d'entendre, que j'aie la joie de te montrer un jour les
sentiments que tu me donnes pour toi ! Va, mon cher
enfant, oublie que tu fus mon esclave, et je me res-
souviendrai toujours que je ne méritais pas d'être ton
maître.

ARLEQUIN : Ne dites donc point comme cela, mon
cher patron ; si j'avais été votre pareil, je n'aurais
peut-être pas mieux valu que vous : c'est à moi à vous
demander pardon du mauvais service que je vous ai
toujours rendu. Quand vous n'étiez pas raisonnable,
c'était ma faute.

IPHICRATE, *l'embrassant* : Ta générosité me couvre
de confusion.

ARLEQUIN ; Mon pauvre patron, qu'il y a de plaisir à bien faire !

Après quoi il déshabille son maître.

IPHICRATE : Que fais-tu, mon cher ami ?

ARLEQUIN : Rendez-moi mon habit, et reprenez le vôtre, je ne suis pas digne de le porter.

IPHICRATE : Je ne saurais retenir mes larmes ! Fais ce que tu voudras.

Scène 10

CLÉANTHIS, EUPHROSINE,
IPHICRATE, ARLEQUIN

CLÉANTHIS, *en entrant avec Euphrosine qui pleure* : Laissez-moi, je n'ai que faire de vous entendre gémir. *(Et plus près d'Arlequin)* Qu'est-ce que cela signifie, Seigneur Iphicrate ; pourquoi avez-vous repris votre habit ?

ARLEQUIN, *tendrement* : C'est qu'il est trop petit pour mon cher ami, et que le sien est trop grand pour moi.

Il embrasse les genoux de son maître.

CLÉANTHIS : Expliquez-moi donc ce que je vois ; il semble que vous lui demandiez pardon ?

ARLEQUIN : C'est pour me châtier de mes insolences.

CLÉANTHIS: Mais enfin notre projet?

ARLEQUIN: Mais enfin, je veux être un homme de bien; n'est-ce pas là un beau projet? Je me repens de mes sottises, lui des siennes; repentez-vous des vôtres, Madame Euphrosine se repentira aussi; et vive l'honneur après: cela fera quatre beaux repentirs, qui nous feront pleurer tant que nous voudrons.

EUPHROSINE: Ah, ma chère Cléanthis, quel exemple pour vous!

IPHICRATE: Dites plutôt quel exemple pour nous, Madame, vous m'en voyez pénétré.

CLÉANTHIS: Ah vraiment, nous y voilà, avec vos beaux exemples; voilà de nos gens qui nous méprisent dans le monde, qui font les fiers, qui nous maltraitent, qui nous regardent comme des vers de terre, et puis, qui sont trop heureux dans l'occasion de nous trouver cent fois plus honnêtes gens qu'eux. Fi, que cela est vilain, de n'avoir eu pour tout mérite que de l'or, de l'argent, et des dignités: c'était bien la peine de faire tant les glorieux; où en seriez-vous aujourd'hui, si nous n'avions pas d'autre mérite, que cela pour vous? Voyons, ne seriez-vous pas bien attrapés? Il s'agit de vous pardonner; et pour avoir cette bonté-là, que faut-il être, s'il vous plaît? Riche? non, noble? non, grand seigneur? point du tout. Vous étiez tout cela, en valiez-vous mieux? Et que faut-il être donc? Ah! nous y voici. Il faut avoir le cœur bon, de la vertu et de la raison; voilà ce qu'il faut, voilà ce qui est estimable, ce qui distingue, ce qui fait qu'un homme est plus qu'un autre. Entendez-vous, Messieurs les honnêtes gens du monde? voilà avec

quoi l'on donne les beaux exemples que vous demandez, et qui vous passent. Et à qui les demandez-vous?
À de pauvres gens que vous avez toujours offensés,
maltraités, accablés, tout riches que vous êtes, et
qui ont aujourd'hui pitié de vous, tout pauvres qu'ils
sont. Estimez-vous à cette heure, faites les superbes,
vous aurez bonne grâce? Allez, vous devriez rougir
de honte!

ARLEQUIN: Allons, ma mie, soyons bonnes gens
sans le reprocher, faisons du bien sans dire d'injures;
ils sont contrits d'avoir été méchants, cela fait qu'ils
nous valent bien; car quand on se repent, on est bon;
et quand on est bon, on est aussi avancé que nous.
Approchez, Madame Euphrosine, elle vous pardonne,
voici qu'elle pleure, la rancune s'en va et votre affaire
est faite.

CLÉANTHIS: Il est vrai que je pleure, ce n'est pas
le bon cœur qui me manque.

EUPHROSINE, *tristement*: Ma chère Cléanthis, j'ai
abusé de l'autorité que j'avais sur toi, je l'avoue.

CLÉANTHIS: Hélas, comment en aviez-vous le courage! Mais voilà qui est fait, je veux bien oublier tout,
faites comme vous voudrez; si vous m'avez fait souffrir, tant pis pour vous, je ne veux pas avoir à me
reprocher la même chose, je vous rends la liberté; et
s'il y avait un vaisseau, je partirais tout à l'heure avec
vous: voilà tout le mal que je vous veux; si vous m'en
faites encore, ce ne sera pas ma faute.

ARLEQUIN, *pleurant*: Ah la brave fille! ah le chari-
table naturel!

IPHICRATE: Êtes-vous contente, Madame?

EUPHROSINE, *avec attendrissement* : Viens, que je t'embrasse, ma chère Cléanthis ?

ARLEQUIN, *à Cléanthis* : Mettez-vous à genoux pour être encore meilleure qu'elle.

EUPHROSINE : La reconnaissance me laisse à peine la force de te répondre. Ne parle plus de ton esclavage, et ne songe plus désormais qu'à partager avec moi tous les biens que les dieux m'ont donné, si nous retournons à Athènes.

Scène dernière

TRIVELIN, *et les acteurs
précédents*

TRIVELIN : Que vois-je, vous pleurez, mes enfants, vous vous embrassez !

ARLEQUIN : Ah ! vous ne voyez rien, nous sommes admirables ; nous sommes des rois et des reines ; en fin finale, la paix est conclue, la vertu a arrangé tout cela ; il ne nous faut plus qu'un bateau et un batelier pour nous en aller ; et si vous nous les donnez, vous serez presque aussi honnêtes gens que nous.

TRIVELIN : Et vous, Cléanthis, êtes-vous du même sentiment ?

CLÉANTHIS, *baisant la main de sa maîtresse* : Je n'ai que faire de vous en dire davantage, vous voyez ce qu'il en est.

ARLEQUIN, *prenant aussi la main de son maître pour la baiser*: Voilà aussi mon dernier mot, qui vaut bien des paroles.

TRIVELIN: Vous me charmez, embrassez-moi aussi, mes chers enfants, c'est là ce que j'attendais; si cela n'était pas arrivé, nous aurions puni vos vengeances comme nous avons puni leurs duretés. Et vous Iphicrate, vous Euphrosine, je vous vois attendris, je n'ai rien à ajouter aux leçons que vous donne cette aventure; vous avez été leurs maîtres, et vous en avez mal agi; ils sont devenus les vôtres, et ils vous pardonnent; faites vos réflexions là-dessus. La différence des conditions n'est qu'une épreuve que les Dieux font sur nous: je ne vous en dis pas davantage. Vous partirez dans deux jours, et vous reverrez Athènes. Que la joie à présent et que les plaisirs succèdent aux chagrins que vous avez senti, et célèbrent le jour de votre vie le plus profitable [1].

---

1. La dernière phrase annonce le divertissement chanté et dansé qui suivait la représentation de la pièce. Marivaux n'y a sans doute aucune part. La musique en fut composée par Jean-Joseph Mouret, précurseur de l'Opéra-Comique.

Du tableau

au texte

Alain Jaubert

Du tableau au texte

Comédiens italiens
de Jean Antoine Watteau

… c'est le salut d'une troupe de comédiens…

Un bon siècle et demi plus tard, quand la photographie se sera popularisée, on abusera du genre et on appellera cela « portrait de groupe » ou « portrait de famille ». Quinze personnages alignés. Des adultes et des enfants. Des hommes et des femmes. On a l'impression que plusieurs se ressemblent, d'où l'idée de famille. Ils portent de drôles de costumes. Ils se tiennent sur une estrade de deux marches. Derrière eux, une architecture : les murs incurvés d'une sorte de rotonde découpée par des pilastres et qui s'ouvre en son centre sur une allée bordée d'arbres. Les montants du porche ne semblent pas vraiment verticaux. Leur évasement destiné à les faire paraître plus élevés et plus fuyants évoque un décor peint illusionniste. Et en effet, le rideau rouge, sur la droite, nous confirme que nous sommes devant un décor, sur une scène de théâtre, et que ce rassemblement de personnages étranges, c'est en fait le salut d'une troupe de comédiens, avant ou après le spectacle. Le mascaron souriant au-dessus du porche nous suggère même que nous sommes dans le registre de la comédie.

... le tableau passe ensuite dans une dizaine de collections...

Le tableau a été peint à Londres en 1719 ou 1720 par Antoine Watteau (1684-1721). Le peintre a trente-six ans. Il est atteint de tuberculose (qu'on appelle alors «consumption»). Il est venu en Angleterre pour se faire soigner par un médecin célèbre, Richard Mead. Le docteur Mead possède une importante collection qu'il montre dans sa galerie de Great Ormond street. Watteau trouve donc en lui à la fois un médecin et un client. Pendant son séjour, il peint pour Mead deux tableaux dont ces *Comédiens italiens*. Le peintre rentre à Paris fin août 1720 sans que son état se soit amélioré. Il meurt moins d'un an plus tard, le 18 juillet 1721, à Nogent-sur-Marne. Resté dans la collection du docteur Mead, le tableau passe ensuite dans une dizaine de collections avant d'être acquis en 1942 par Samuel Henry Kress et donné par lui en 1946 à la National Gallery américaine. Une copie, achetée en Grande-Bretagne et rapatriée en France en 1890, a longtemps été prise pour l'original par une sorte de chauvinisme artistique : «conquête sur l'Angleterre», dit-on alors. Et puis, le marché de l'art faisant la loi, cette copie a rejoint l'autre tableau dans le même musée à Washington ! Mais la comparaison est sans appel...

... apaiser ce fourmillement de nuances...

Le tableau a été peint à l'huile sur une toile de lin serrée qui mesure 63,8 sur 76,2 centimètres. Cette toile a été recollée sur un nouveau support peu avant son entrée à la National Gallery. Le peintre a enduit sa toile d'une préparation d'un blanc cassé presque brun-jaune. Par-dessus, il a esquissé son tableau, le dessinant dans ses moindres détails à l'aide d'un pigment rouge vif léger qui apparaît en plusieurs endroits sous les couches superficielles, en particulier sur les bords du pantalon du personnage central ou sur l'arête de la marche supérieure de la scène. Mais cette esquisse n'était pas improvisée. On connaît un grand nombre de dessins préparatoires. D'abord plusieurs dessins généraux grâce auxquels le peintre a étudié la mise en place des personnages dans le cadre. Ensuite des dessins de détails : visages des enfants et des femmes, position des corps, en particulier celui du musicien, divers gestes, effets de drapés, et aussi les mains dont le nombre et la variété des poses sont impressionnants. À partir de l'esquisse peinte où le décor et chacun des personnages étaient en place, Watteau a ensuite appliqué ses couleurs en couches légères, gardant pour la fin les zones les plus claires où le pigment est plus épais. Des glacis, minces couches translucides modifiant peu à peu la tonalité des teintes inférieures, permettent de rendre les effets de transparence, de brillance et de moiré des tissus. La gamme des couleurs est d'une grande richesse. Les rouges, avec le rideau et les costumes de deux personnages, occupent les deux extrémités d'une diagonale. Au centre le personnage en blanc est là comme pour départager, apaiser tout ce fourmillement de nuances, des gris chauds et froids, des jaunes, des verts pâles. La grande variété des carnations — mains ou visages — est aussi très frappante. La vue est frontale. Le point de vue est un peu bas : c'est celui d'un spectateur assis dans la salle de spectacle. Le personnage en blanc est placé exactement au centre du tableau : pas de meilleure façon d'attirer l'attention sur lui. D'autant plus qu'il semble éclairé par une vive lumière latérale et qu'il se détache sur le vide du porche, la tête précisément dans l'axe de l'allée en trompe l'œil.

... les spectacles de la foire avaient un énorme succès...

Qui sont tous ces personnages ? Le titre semble répondre à la question : des Comédiens-Italiens. Ils étaient arrivés en France en 1660 avec leur répertoire comique, leurs personnages pittoresques et leur langue chantante. S'étant installés à l'Hôtel de Bourgogne où ils furent les principaux rivaux des Comédiens-Français, ils y restèrent trente-sept ans ! Ils furent renvoyés sur ordre, croit-on, de Madame de Maintenon qui n'aurait pas supporté qu'on se moque d'elle dans une pièce, *La Fausse Prude.* Une peinture anonyme du musée du Havre montre ce départ. Watteau lui-même a peint un *Départ des Comédiens italiens,* tableau disparu connu seulement par une gravure. C'est une scène dont il n'a pu être témoin : à l'époque, âgé de treize ans, il était encore en apprentissage à Valenciennes. Après le départ des Italiens, les bateleurs des deux grandes foires de Paris, Saint-Germain et Saint-Laurent, s'emparèrent de leurs personnages et les accommodèrent à toutes les sauces au travers de centaines de pièces dont fort peu ont survécu. Les deux scènes officielles, la

Comédie-Française et l'Opéra, se bagarraient ferme à l'époque pour empêcher les forains rivaux de donner des représentations. Mais les spectacles de la foire avaient toujours un énorme succès.

Après la mort de Louis XIV (1715), le Régent Philippe d'Orléans voulut faire revenir les Italiens. Il contacta le prince de Parme, Antoine Farnèse. Une nouvelle troupe arriva d'Italie, celle de Luigi Riccoboni, et, en 1716, se réinstalla à l'Hôtel de Bourgogne, sous la protection directe du Régent. Riccoboni joue Lélio. Sa femme Elena joue Flaminia. Son beau-frère Giuseppe Baletti, dit Mario, épousera la jeune Gianetta Benozzi, dite Silvia. Tomasso Vicentini, dit Thomassin, sera Arlequin. Six ou sept autres acteurs jouent les personnages traditionnels. Mais Riccoboni n'est pas très désireux de reprendre entièrement le répertoire italien d'antan. Il aimerait passer à des pièces un peu plus sérieuses et franciser sa manière. La collaboration avec Marivaux à partir de 1720 va le combler. En retour, les Italiens et leurs types vont être la principale source d'inspiration de Marivaux. La plupart de ses grandes pièces ont été écrites pour Thomassin (Arlequin) et surtout pour Silvia.

… de véritables utopies picturales…

Il est vraisemblable que Watteau a fréquenté les milieux du théâtre et de l'opéra. À ses débuts à Paris, en 1702, il a sans doute peint des décors pour diverses scènes bien qu'on n'en ait retrouvé aucune preuve écrite. Il a pu voir et participer à des spectacles italianisants bien avant l'arrivée de la troupe de Riccoboni. Et sans doute a-t-il continué à fréquenter les théâtres soit en spectateur, soit en habitué des coulisses. Nous n'avons que peu d'informations. Certains de ses dessins semblent pris sur le vif (mais on se déguisait beaucoup à l'époque). Et dans la plupart de ses tableaux, Watteau utilise des costumes du théâtre, de l'opéra et de la comédie italienne. Plusieurs toiles semblent faire référence à des spectacles de l'époque. D'autres paraissent en dériver par toutes sortes de glissements et d'allusions subtiles. D'autres encore qui mélangent les costumes de diverses époques et provenances sont de véritables utopies picturales : ainsi *Le Pèlerinage à l'île de Cythère* du Louvre et sa réplique *L'Embarquement pour Cythère* de Berlin. Watteau n'a sans doute jamais croisé Marivaux : il est en Angleterre au moment où débute le jeune dramaturge et ensuite, bien trop malade, il se retire peu à peu de la vie mondaine. Mais il a avec lui ce point commun : il s'invente des lieux idéaux, isolés, hors du monde et hors du temps pour y installer ses mises en scène. L'île de Cythère est ainsi une préfiguration de toutes les îles de Marivaux, *L'Île des Esclaves*, *L'Île de la Raison*, *Nouvelle Colonie* et autres lieux clos propices à la réflexion philosophique et à l'éclosion des sentiments amoureux...

... le plus célèbre des personnages...

Peut-on identifier les personnages du tableau à partir de ce que nous savons de la troupe italienne ? Deux enfants : les deux enfants de Thomassin débutèrent en 1719 et il est donc possible que Watteau

les évoque dans son tableau. Le fou : ce n'est pas à
proprement parler un personnage de la Comédie-
Italienne, mais avec ses grelots et sa marotte, son
costume jaune ou rouge, ce personnage carnavalesque relève plutôt de la Foire. Il est à la mode
depuis qu'on a traduit du latin en 1713 l'*Éloge de la
folie* d'Érasme. Au-dessus du fou, un personnage en
costume à rayures verticales est en train de flirter
avec une jeune femme. C'est *Mezzetin,* un des *zani,*
ces valets aventuriers dont les ruses vont contrarier
les plans de tous et emberlificoter l'intrigue. Lui,
une sorte de double de Scapin, il est surtout amoureux et sentimental, musicien et danseur. Watteau
l'aime bien. Il le peint souvent en train de chanter
en s'accompagnant de sa guitare. Ici, il a abandonné
l'instrument de musique pour serrer vraiment de
très près sa voisine.

À côté d'eux, *Arlequin* : on le reconnaît à son costume composé de triangles opposés, rouges, bleus,
jaunes, verts, et à son masque de cuir un peu grima-
çant. C'est d'abord, dans la comédie traditionnelle,
un éternel affamé, un obsédé de nourriture, et un
grand trouillard. Il devient le plus célèbre des personnages. Il aura, au cours du XVIIIe siècle, mille rôles
différents. Il se cherchera un maître (et même en
aura deux à la fois), il ira dans la lune. Ses ruses et
ses amours seront le moteur de nombreuses pièces,
de Marivaux à Goldoni. Mais chez Marivaux, il s'as-
sagit le plus souvent et devient le jeune premier,
l'amoureux. Dans le tableau, il est en retrait, il danse
en tordant ses bras en l'air dans un geste qui ressemble un peu à ceux du flamenco et il cache une
jeune femme qui semble elle aussi porter un costume bariolé. Elle, c'est peut-être bien Arlequine,

son double, que Watteau montre dans *Les Habits sont italiens*, tableau connu aussi par un dessin et une gravure. Assis devant Arlequin et Mezzetin, un jeune premier élégant, cape de satin, grand feutre, bas gris, chausses fauves, il est vêtu comme le danseur de *L'Indifférent*, ce minuscule et célèbre tableau de Watteau, un des joyaux du Louvre. Il est sans doute tout simplement un des amoureux traditionnels de la comédie.

... il est lent quand tous s'agitent autour de lui...

Au centre, dans son grand costume flottant de satin blanc, le *Pedrolino* italien francisé vers 1684 en «Pierrot» et qui, plus tard, ravira la vedette à tous les autres personnages. C'est une variante du Polichinelle napolitain. Il est naïf, un peu ignorant, taciturne, gauche, lent quand tous s'agitent autour de lui, et peu à peu, au cours des années, il devient en plus un amoureux fort sentimental, et même un musicien armé d'une guitare comme Mezzetin. Évidemment, Pierrot, à partir de cette époque, va vivre une vie tout à fait indépendante de la Comédie-Italienne : sorte de prototype du rêveur poète, on va le retrouver dans la pantomime du XIXᵉ siècle, dans la poésie, dans la chanson et jusqu'au cinéma par l'évocation des époques antérieures (*Les Enfants du paradis*). Ce personnage central est à mettre en rapport avec plusieurs tableaux de Watteau montrant Pierrot parmi d'autres Comédiens-Italiens. Et surtout avec le célèbre *Gilles*, qu'on nomme aujourd'hui *Pierrot* (musée du Louvre). Le personnage est debout dans la même position, les bras ballants, l'air pataud, et lui aussi se détachant sur le vide. Peinte grandeur nature, c'est la plus grande figure jamais réalisée par Watteau : c'était en fait l'enseigne du café tenu par un ancien acteur, Belloni, au coin des rues Quincampoix et Aubry-le-Boucher.

Sa voisine est le premier rôle de la pièce, la *prima donna*, peut-être la cantatrice. C'est une gracieuse jeune femme au long cou. Elle porte une robe de satin prune aux reflets moirés et est coiffée d'un minuscule tricorne d'allure coquine. Elle tente de se mettre en valeur en avançant le buste et en tendant le cou, elle se rapproche ainsi de Pierrot à qui on donne la vedette. Il faut dire que le présentateur fait tout pour le désigner comme le principal responsable du spectacle. Peut-être celui qui joue Pierrot est-il aussi l'auteur du texte et le metteur en scène. Quant à ce Monsieur Loyal au geste large, c'est Brighella, un autre *zani* très proche de Mezzetin et qu'on reconnaît à son costume à rayures horizontales et à fermetures à brandebourgs. Le personnage en noir, à barbiche pointue, bien plus âgé que les autres, sous le rideau rouge, pourrait être Pantalon. C'est un marchand vénitien simple, cupide, amoureux de filles trop jeunes pour lui, le plus souvent dupé par les valets et l'un des souffre-douleur favoris d'Arlequin.

… rien n'est jamais si simple…

Les costumes, la scène de théâtre, la musique, la troupe réunie pour chanter ou saluer, tout paraît donc clair. Mais chez Watteau, rien n'est jamais si simple. Car malgré les types bien définis de ses per-

sonnages italiens, on ne peut identifier ni Riccoboni, ni Silvia, ni aucun de ceux qui jouaient avec
eux. Il ne s'agit donc sans doute pas de «Comédiens-Italiens» comme l'annonce le titre (donné
bien des années plus tard). Quel sens peut donc
avoir une telle réunion de figures, longuement pré-
parée et peinte à Londres pour un médecin qui
n'était pas forcément familier des types de la Comédie-Italienne? On a évoqué un incident survenu
au cours de l'année 1719. À la suite d'une longue
rivalité, la Comédie-Française finit par obtenir la
fermeture de l'Opéra-Comique. Bon nombre de
Comédiens-Italiens qui faisaient partie de l'Opéra
partirent pour Londres où ils connurent un grand
succès au printemps 1720. Et selon certains auteurs,
c'est ce spectacle même que Watteau montrerait.
Mais aucun document n'autorise à l'affirmer. On a
aussi suggéré que le peintre aurait représenté le
docteur Mead lui-même déguisé en Pierrot. Ici non
plus, rien ne permet de confirmer cette hypothèse,
pas plus que d'autres identifications qui ont été
avancées à diverses reprises.

...pas besoin de justifications théologiques...

Dora Panofsky, dans un article qui fit sensation
en 1952, a rapproché les *Comédiens italiens* de trois
estampes de Rembrandt, *La Pièce aux cent florins, La
Petite Tombe* et l'*Ecce Homo*. Dans la première, l'éclairage qui tombe sur le Christ est identique à celui qui
illumine Pierrot. Dans *Ecce Homo*, le geste de Pilate
désignant Jésus aux Juifs est semblable à celui de
Brighella montrant Pierrot. Mais plutôt qu'une sym-

bolique religieuse, dissimulée dans une scène de théâtre pour on ne sait quelle raison, ne faut-il pas voir là une assimilation par le peintre des manières des peintres anciens qu'il avait si bien étudiés ? L'éclairage et le geste théâtral n'ont pas besoin de justifications théologiques. La lumière qui tombe d'assez haut est une façon de mettre en valeur un personnage parmi d'autres. Des auteurs ont voulu voir aussi dans le tableau une sorte d'équivalent de ces gravures populaires qui montraient les « âges de la vie », le regard du spectateur passant ainsi, de gauche à droite, des jeunes enfants à l'adolescence (le fou), puis à l'âge adulte (les personnages du centre), enfin au vieillard.

… une véritable histoire d'amour…

Comme souvent devant les tableaux très riches, nous sommes en présence de nombreuses potentialités et les divers indices ouvrent sur des pistes contradictoires. Au moment où le tableau fut gravé, douze ans après la mort du peintre, un commentaire a paru dans *Le Mercure de France* : « Ce Tableau est gravé sous le titre des *Comédiens italiens*; ce sont presque tous Portraits de gens habiles dans leur Art, que Watteau peignit sous les différents habits des acteurs du Théâtre-Italien. » Ce court propos donnerait-il la clé du tableau ? Les « gens habiles dans leur Art » seraient les amis de Watteau, peintres ou musiciens. Et le peintre aurait donc composé son tableau à Londres à partir d'anciens dessins de ses amis croqués sur le vif et en les montrant sous divers costumes. Watteau se servirait donc du théâtre pour

rassembler ses amis dans une petite comédie énig-
matique où les souvenirs des peintres antérieurs se
mêlent aux figures de la Comédie-Italienne, de la
Foire et de l'Opéra. Nous, spectateurs, sommes un
peu dans la position du vieux Pantalon qui se
penche, plutôt ahuri ou incrédule, vers une scène
qu'il ne comprend pas trop. Et le fou est là pour
nous rappeler que rien n'est jamais vraiment tout
simple, mais aussi en même temps qu'il n'y a peut-
être aucun mystère. C'est une sorte de jeu, une
assemblée d'amis joyeux. Pourtant, on aimerait
savoir par exemple ce que viennent faire toutes ces
roses si ostensiblement dispersées sur la toile.
Branche de roses posée sur les marches au premier
plan et qui forme comme une flèche en direction
du personnage central, rose dans le décolleté de la
prima donna, guirlande de roses autour de la marotte
du fou que celui-ci pointe vers Pierrot, roses avec
lesquelles jouent les enfants et que l'un d'eux
effeuille. *Je t'aime, un peu, beaucoup…* Comme dans le
Pèlerinage à l'île de Cythère, la rose, fleur de Vénus, est
peut-être là pour nous signaler que se déroule sous
nos yeux une véritable histoire d'amour.

Le texte

en perspective

Mériam Korichi

Mouvement littéraire

La naissance des Lumières
en France

1.

Le parti de la Modernité :
une revendication de liberté

1. *Un nouvel esprit : l'influence de la Régence*

L'Île des Esclaves, comédie en un acte et en prose, est représentée pour la première fois le 5 mars 1725 au Théâtre-Italien. Cette œuvre de Marivaux, qualifiée de « petit bijou » par un contemporain du dramaturge, La Barre de Beaumarchais, appartient à une époque en rupture avec le « siècle de Louis le Grand », mort dix ans auparavant. Le début du règne de Louis XV, qui n'a alors que cinq ans, est fortement marqué par l'esprit de la Régence (1715-1723) qui se caractérise par un relâchement de la censure et de l'austérité du temps de Louis XIV. Ainsi, vingt ans après l'expulsion des Comédiens-Italiens de Paris pour s'être moqués de Madame de Maintenon (1697), le Régent sollicite la reconstitution d'une nouvelle troupe italienne pour amuser et divertir les Parisiens par la liberté de leur jeu, hérité de la *commedia dell'arte*. Si cette période de libéralisation des mœurs apparaît comme des « années folles », des années de fêtes et de licence, elle marque aussi et surtout la naissance des Lumières en France, portant en germe un regard nouveau sur la société. Le regard est neuf dans la mesure où il commence à s'émanciper de la tutelle religieuse et à prendre une certaine distance par rapport à l'autorité du pouvoir, grâce à une foi de plus en plus fervente dans la raison humaine, initiée au siècle précédent par le cartésianisme. La période inaugure donc une nouvelle ère de pensée nourrie et étayée par un regard *lucide* et *critique* sur la société d'Ancien Régime, revendiquant justice et tolérance au nom de la Raison humaine. Ce mouvement de pensée s'épanouira dans la seconde partie du siècle, avec l'œuvre politique, militante, des « Philosophes » (Voltaire, Montesquieu, Diderot, d'Alembert, Rousseau) et la verve mordante, libertine ou scandaleuse, satirique et subversive des hommes de lettres (Beaumarchais, Laclos, Sade).

2. *Un vent de critique sociale*

Le contexte est celui d'un renouveau de la pensée donnant lieu à une liberté de ton sans précédent. C'est le signe d'une part d'un changement définitif d'époque et c'est, d'autre part, l'arme absolue d'une critique sociale ouverte, publique. Cette liberté nouvelle, revendiquée et conquise avec fermeté, permet de rompre avec une certaine hypocrisie qui passait sous silence l'évolution des mœurs, les changements de valeurs et de repères d'une société en pleine transition. Ainsi déjà en 1709, la pièce de Lesage,

Turcaret, témoigne du changement d'état de la société et, notamment, du statut du valet ; cette comédie fait se côtoyer chevaliers d'industrie, prostitués, fils de famille tarés et petits magouilleurs, et montre un valet, Frontin, qui, sûr de lui malgré sa condition, annonce son propre règne, celui du bourgeois, bientôt plus réel que celui de son petit-maître noble. La liberté revendiquée par les représentants des Lumières est précisément la liberté de pouvoir décrire et analyser avec une distance critique les mœurs caractérisant la société dans laquelle ils vivent, sans avoir à obéir aux règles esthétiques du goût dictées par une tradition classique qui érige en modèles indépassables les Anciens grecs et latins.

3. *Le renouveau de la querelle des Anciens et des Modernes*

Dans un tel contexte, on comprend que la querelle des Anciens et des Modernes renaisse entre les défenseurs d'une tradition classique prônant le respect et l'imitation des Anciens — notamment d'Homère qui connaît une vogue sans précédent en ce début du XVIIIe siècle — et les partisans d'une modernité littéraire en rupture, dont les représentants principaux sont Fontenelle et Houdar de La Motte. Ainsi Fontenelle combat-il pour faire reconnaître la supériorité de la pensée méthodique gouvernée par la Raison sur toute autre forme de pensée, en particulier la pensée mythique ou fabuleuse des Anciens (*De l'origine des fables*, 1724). Au-delà d'un problème simplement esthétique qui concerne la définition du « bon » goût, la querelle des Anciens et des Modernes qui renaît au début de la Régence met au premier plan le problème de l'adéquation entre la littérature et la réalité sociale de l'époque. Autrement dit, l'enjeu profond de la querelle est la définition et la reconnaissance de la modernité du temps qui ne peut plus être exprimée par des œuvres imitant le style des Anciens. Le biais de l'allégorie, de la métaphore, ou du caractère à clé, exploité par La Fontaine ou La Bruyère pour parler de leur société, ne semble plus pouvoir satisfaire les auteurs modernes. Il leur faut initier un langage plus direct, dégagé du carcan des codes du style classique. Adopter le « style moderne », c'est prendre le parti d'adresser au spectateur ou au lecteur un discours qui comporte moins de références culturelles et plus d'éléments communs avec la réalité sociale. Les Modernes en ripostant aux Anciens sur la question du « style » et du « goût » mettent donc en cause, chez les Classiques, le fait de ne traiter exclusivement que de sujets nobles, de caractères nobles, de sentiments nobles, éloignés des sujets, des caractères et des sentiments réels. C'est finalement au nom d'une exigence que l'on pourrait qualifier de « philosophique », c'est-à-dire au nom de la vérité, qu'ils rejettent le modèle classique. En conséquence, les principes esthétiques de l'ancien modèle littéraire, comme la bienséance qui consiste à ne pas choquer les opinions du public, sont rejetés et sont volontiers remplacés par les principes de la parodie et du burlesque.

Marivaux, au début de sa carrière, prend une part active dans la querelle : il fréquente le salon de Mme de Lambert où il côtoie Fontenelle dans les années 1710, et il publie en 1716 un « manifeste moderniste », *L'Homère travesti ou l'Iliade en vers bur-*

lesques. Marivaux restera fidèle à ces idées. Dans
La Fausse Suivante (1724), par exemple, le dialogue
entre Trivelin et Frontin dans la scène d'exposition
évoque le thème de la querelle avec un ton ironique
et critique portant clairement contre les Anciens ;
Trivelin raconte qu'il a été au service d'un maître
qui était partisan des Anciens contre les Modernes
et explique de façon burlesque à un Frontin ignorant ce qui oppose les premiers aux seconds :

> Et que veulent dire les modernes ? — […] les
> modernes c'est comme qui dirait… toi par exemple.
> — Ho, ho, je suis un moderne, moi ! — Oui vrai-
> ment tu es un moderne, et des plus modernes ; il
> n'y a que l'enfant qui vient de naître qui l'est plus
> que toi, car il ne fait que d'arriver. — Eh ! pourquoi
> ton maître nous haïssait-il ? — Parce qu'il voulait
> qu'on eût quatre mille ans sur la tête pour valoir
> quelque chose ; oh ! moi pour gagner son amitié, je
> me mis à admirer tout ce qui me paraissait ancien,
> j'aimais les vieux meubles, je louais les vieilles modes,
> […] je me coiffais chez les crieuses de vieux cha-
> peaux ; je n'avais commerce qu'avec des vieillards ;
> il était charmé de mes inclinations […].

Les Anciens sont tournés en ridicule. Leur goût,
ainsi caricaturé, apparaît usé et dépassé. Ils appartiennent à une époque déjà révolue. Ils sont aveugles
aux changements et aux bouleversements des valeurs
qui caractérisent la nouvelle période, et restent pour
cette raison attachés aux valeurs de la société d'Ancien Régime.

4. *Une crise de valeurs et de repères : les boulversements moraux de la modernité*

Les bouleversements subis par cette société concernent notamment la relativisation de l'ordre et de la hiérarchie sociale. La noblesse n'est plus une caste fermée, privilège d'un sang ancien : la noblesse s'acquiert par l'argent, du jour au lendemain. Comme le montre l'aventure spéculative de John Law (1720) qui fit naître des fortunes colossales en quelques heures et qui ruina dans le même temps minimum tous ceux qui participèrent à l'aventure, dont Marivaux, la prospérité est soumise aux aléas du hasard et n'est jamais à l'abri du revirement de fortune. Ainsi donc de la noblesse qui s'achète et qui ne correspond plus à l'idéal du siècle précédent, celui de Corneille en particulier, qui exigeait de ses représentants une conduite morale et vertueuse exemplaire. La remise en cause de la pérennité de l'ordre social et d'une hiérarchisation par caste étanche de la société entraîne alors une critique de la notion même de noblesse qui ne conserve plus que son sens social de classe dominante. On trouve explicitement chez Marivaux cette remise en cause de la supériorité morale de la noblesse qui était avant synonyme d'honnêteté ou de moralité, comme le montre notamment cet échange entre Dorante et Angélique dans *Le Préjugé vaincu* (1746) à la scène 4 :

> DORANTE : Ajoutez-y, Madame, que c'est un honnête homme.
> ANGÉLIQUE : Eh bien, sans doute, je vous dis qu'il est riche, c'est la même chose. [...] Sans doute on a des places et des dignités avec de l'argent ; elles ne sont pas glorieuses.

La remise en cause de la supériorité morale
de la noblesse conduit à interroger la légitimité de
la supériorité sociale de la noblesse qui apparaît
alors injuste. Dans un esprit qui définit bien la perspective progressiste des Lumières, l'objet de la critique sociale de Marivaux dans *L'Île des Esclaves* est le
problème de l'abus de pouvoir découlant de l'institution de rapports sociaux qui assujettit les domestiques au pouvoir de maîtres qui n'ont aucune
supériorité morale sur les premiers. À l'instar de
Montesquieu dans *L'Esprit des lois* (1748) dénonçant
l'esclavage, Marivaux semble traiter d'un problème
politique : celui de l'aliénation des individus soumis
à un système social injuste. Ainsi, la perspective de
renversement des rapports de pouvoir qui caractérise *L'Île des Esclaves* anticiperait sur des idées révolu-
tionnaires qui s'épanouiront à la fin du siècle (1789)
et qui feront carrière au XIXe et au XXe siècle avec la
naissance du marxisme. Or il apparaît qu'aux yeux
de Marivaux ce renversement « révolutionnaire »
n'est pas une réponse adaptée à une revendication
de justice sociale ; il fournit avant tout un cadre destiné à éveiller la conscience morale de l'individu.
C'est d'abord Arlequin dans la scène d'exposition
qui suggère cela en faisant la leçon à son maître :

> Dans le pays d'Athènes, j'étais ton esclave, tu me
> traitais comme un pauvre animal, et tu disais que
> cela était juste, parce que tu étais le plus fort : Eh
> bien, Iphicrate, tu vas trouver ici plus fort que toi ;
> on va te faire esclave à ton tour ; on te dira aussi que
> cela est juste, et nous verrons ce que tu penseras de
> cette justice-là [...].

Le renversement en lui-même ne procède pas d'un
esprit de justice puisqu'il est une inversion pure et

simple des pouvoirs et non une répartition juste de ces derniers. Dans la scène qui suit, Trivelin expose les «lois» de l'île : son propos confirme le fait que l'épreuve à laquelle sont soumis les quatre naufragés a un enjeu moral et non politique et partisan.

2.

La méfiance à l'égard de l'esprit de système : la valorisation de l'individu

1. *Marivaux, adversaire du camp des «philosophes»*

Marivaux se montre critique à l'égard de l'esprit de parti en général : «les gens de parti n'entendent point raison», fait-il dire à Trivelin dans *La Fausse Suivante* (I, 1). Il apparaît comme un homme indépendant, plutôt réservé à l'égard des idéologies du temps. À contre-courant de l'optimisme répandu chez les Modernes, Marivaux se caractérise par un certain pessimisme social et se méfie de l'idée de progrès qui provoque l'enthousiasme des Modernes. Cette attitude préfigure celle de Rousseau qui mettra en question l'idée du progrès historique de la civilisation dans le *Discours sur les sciences et les arts* (1750) et dans le *Discours sur l'origine et les fondements de l'inégalité parmi les hommes* (1755). Rien d'étonnant à ce que Marivaux, comme Rousseau plus tard (*Lettre à d'Alembert sur les spectacles* de 1758), se déclare adversaire du «camp des philosophes». Dans *L'Amour et la Vérité* (1720), il met sur le même plan chimistes, devins, faiseurs d'almanachs, philosophes ayant en commun le mensonge, l'erreur et la prétention :

> LA VÉRITÉ : [...] on m'a chassé du monde.
> L'AMOUR : Hé ! qui ? les chimistes, les devins, les fai-
> seurs d'almanachs, les philosophes ?
> LA VÉRITÉ : Non, ces gens-là ne m'ont jamais nui !
> On sait bien qu'ils mentent, ou qu'ils sont livrés à
> l'erreur, et je ne leur veux aucun mal ; car je ne suis
> point faite pour eux.

On retrouve la critique de la « philosophie » insti-
tuée dans diverses parties de son œuvre, dans
d'autres pièces comme *L'Île de la Raison* (1727) ou
La Seconde Surprise de l'Amour (1727), mais aussi bien
dans son roman *La Vie de Marianne* (1731). Les philosophes, d'après Marivaux, ne savent que « discou-
rir » et composer des propos spirituels sur des sujets
qu'ils sont loin de connaître réellement. Ce jugement critique découle donc lui-même d'une position philosophique revendiquant une rupture avec
un certain héritage classique qui adopte un point
de vue trop universel et trop abstrait sur l'individu
au sein de la société. Marivaux entend nourrir et
mettre en avant un point de vue concret sur l'individu et sur les rapports entre individus. Cette prise
de position qu'il oppose aux philosophes est évidemment mal perçue et mal reçue par ces derniers.
Voltaire exprime son mépris pour l'œuvre de Marivaux qui lui apparaît remplie de verbiages. Il compare l'art du dramaturge à celui de « peser des œufs
de mouche dans des balances de toiles d'araignée »,
tant son théâtre lui paraît plein de paroles vaines,
superficielles et badines, sans profondeur. Celui-ci
est assimilé à un amusement pour des gens de salon
se divertissant avec des jeux de langages.

2. *Le goût de l'expérimentation*

Le théâtre de Marivaux est loin d'un simple théâtre de divertissement. Dans son principe, il consiste à faire apparaître ce qui est caché, ou passé sous silence, dans la vie courante et publique, où la parole est soumise aux convenances. Ainsi le principe dramaturgique du renversement ou de l'inversion des rôles qui détermine le canevas de *L'Île des Esclaves*, et qui se retrouve à l'œuvre dans bien d'autres pièces, comme dans *Le Dénouement imprévu* (1724) ou *Le Jeu de l'Amour et du Hasard* (1730), est un procédé qui libère le langage de son carcan conventionnel, lui permettant d'être l'instrument privilégié de la révélation de l'identité profonde du personnage. Dépassant le simple moyen d'expression, le langage chez Marivaux devient le révélateur des étapes du chemin que parcourt le personnage pour se comprendre lui-même dans son rapport avec les autres. Car non seulement les personnages de Marivaux ne sont pas de simples faire-valoir de son écriture et de son esprit, mais ils sont, en outre, bien éloignés des personnages de comédie traditionnels, ces caractères qui incarnent chacun des traits « universels » de l'homme. Marivaux invente des intrigues et met en œuvre des procédés pour faire apparaître comment de telles situations entraînent des changements intérieurs chez les personnages que le langage qu'ils utilisent révèle. Les personnages de Marivaux ne ressemblent plus aux caractères de Molière parce que c'est leur intériorité qui est fondamentalement en jeu sur la scène.

Dans un esprit que l'on peut qualifier d'expérimental, propre au temps, Marivaux étudie non pas l'homme en général, mais l'individu en particulier, réagissant à des situations spécifiques, avec des sentiments qui lui appartiennent en propre. C'est, pour ainsi dire, des individus réels qui apparaissent sur la scène quand les comédiens jouent ses pièces. Malgré un cadre souvent fictionnel, apparemment éloigné de l'époque, comme dans *Arlequin poli par l'amour*, *La Double Inconstance*, *L'Île des Esclaves*, l'action représentée produit indéniablement un effet de réel. C'est que ces cadres hypothétiques permettent à Marivaux de multiplier les épreuves qui mettent en jeu l'humanité des personnages, les amenant à s'expliquer malgré eux sur ce qu'ils ressentent jusqu'à ce qu'ils voient clair dans leur cœur et dans leur jeu.

3. *Le sens de l'expérience : Marivaux le moraliste*

L'épreuve est ici un moment de vérité où le personnage est confronté brutalement à quelque chose qui n'est pas vraiment en son pouvoir, comme par exemple le statut de maître emprunté par Arlequin dans *L'Île aux Esclaves* ou dans *Le Jeu de l'Amour et du Hasard*. Le personnage est alors livré à l'expérience de sentiments inattendus, et par là même violents, et à l'obligation de s'exprimer devant témoins. L'épreuve vise d'abord à déstabiliser les personnages, qui sont nombreux, dans les moments critiques, à avouer leur égarement ; ainsi Euphrosine, forcée d'écouter le portrait désavantageux que fait d'elle sa servante Cléanthis, laisse échapper « Je ne sais où j'en suis », à la scène 3 de *L'Île des Esclaves*. Ce sont des moments d'aveux arrachés et de reconnaissance forcée qui font certes souffrir les personnages mais qui les font progresser dans la connaissance d'eux-mêmes. L'échange entre Colombine et Lélio dans *La Surprise de l'Amour* (acte III, sc. 4) est significatif à cet égard :

> LÉLIO : Je ne sais où je suis.
> COLOMBINE : Ah ! vous voilà dans le ton [...].
> LÉLIO : Que signifie cela ?
> COLOMBINE : Rien ; sinon que je vous ai donné la question, et que vous avez jasé dans vos souffrances.

On a pu qualifier le théâtre de Marivaux de cruel, car, en effet, les personnages sont sans aucune sorte de ménagement poussés à bout et pour ainsi dire torturés, comme le suggère la métaphore qu'emploie Colombine dans le passage cité ci-dessus. Et il s'agit bien de torture pour des personnages de coquettes ou de petits-maîtres comme Euphrosine ou Iphicrate soumis à l'épreuve d'être ridiculisés et commandés par leurs domestiques. Mais cette cruauté n'est pas gratuite, comme nous l'apprend Trivelin, le maître du jeu et le porte-parole de Marivaux dans la pièce (scène 2). Les violences et les humiliations subies par la coquette et le petit-maître sont destinées à les édifier, à leur faire prendre conscience d'eux-mêmes, à rendre leur cœur à des sentiments plus humains et à les faire renoncer à la barbarie de leurs mœurs. Trivelin a des expressions qui suggèrent fortement le caractère moral du point de vue de l'auteur ; il précise par exemple que l'esclavage auquel sont soumis *temporairement* Euphrosine et Iphicrate constitue leur « cours d'humanité », et il avertit Arlequin qui prend le nom et le rôle de son maître : « Souvenez-vous en prenant son nom, mon cher ami, qu'on vous le donne bien moins pour réjouir votre vanité, que pour le corriger de son orgueil » (scène 2). Marivaux emploie très précisément le langage du moraliste.

Loin du divertissement futile et vain, le théâtre de Marivaux traite ainsi de sujets graves mettant en jeu la sincérité du rapport de l'individu avec lui-même et du rôle fondamental de l'autre dans le rapport à soi. L'horizon est en effet bien plus moral que politique. Dans *L'Île des Esclaves*, le problème de l'injustice sociale et politique qui soumet les uns à la domination arbitraire des autres est secondaire par rapport au problème moral de la dénaturation de l'individu par une société qui l'a éloigné de la nature et des sentiments vrais et justes qui définissent son humanité. Marivaux pose le problème de la nature vraie ou profonde de l'individu humain qui se définit par le cœur. Ces vues évoquent, avant la lettre, la pensée que Rousseau développera dans *Émile*, qui traite de la nature morale de l'individu, qui a sa source dans le sentiment, sans la faire dépendre d'une réforme politique et sociale de la société. Il s'agit donc pour ces tenants de la morale du sentiment de faire apparaître des cœurs dans leur nudité et dans leur incessante combativité, parce que, pour eux, de cela dépend la prise de conscience de la nature de l'humanité de chacun, quel que soit le statut social de la personne. Le retour à la situation initiale qui conclut *L'Île des Esclaves*, chacun reprenant sa place de droit dans la hiérarchie sociale, ancre le propos de Marivaux dans cette perspective. La libération qui est en jeu est tributaire d'une prise de conscience de l'humanité de chacun, accessible à tout individu qui fait l'expérience de la vérité des sentiments. C'est grâce à la reconnaissance de la vérité des sentiments qu'est rendue possible une communication vraie entre les êtres par-delà l'inégalité sociale. Il y a ainsi une valeur éthique du marivaudage qui entend faire apparaître, ou représenter, la possibilité d'accéder à la conscience de soi et d'harmoniser son action avec cette conscience « sensible ». Si Marivaux, dans sa *Réflexion sur l'esprit humain à l'occasion de Corneille et de Racine*, affirme que le théâtre « en nous faisant frémir, nous entretient encore de nos forces », c'est parce qu'il croit, conformément à l'esprit de son siècle qui fera l'éloge des passions, que le sentiment est le fondement ou le moteur de l'action de l'homme.

Pour approfondir la réflexion

Sur les Lumières

Ernst CASSIRER, *La Philosophie des Lumières*, Paris, Fayard, 1990.

Paul HAZARD, *La Crise de la conscience européenne* (1685-1715), Paris, Fayard, 1961.

Sur la Querelle des Anciens et des Modernes

Marc FUMAROLI, *La Querelle des Anciens et des Modernes*, Folio classique, 2001.

Sur un thème majeur du XVIII⁰ siècle français

Jean EHRARD, *L'Idée de nature en France dans la première moitié du XVIIIᵉ siècle*, Paris, Albin Michel, 1994.

Genre et registre

Utopie ou comédie ?

1.

Une utopie ?

1. *La vogue du genre de l'utopie*

Le début du XVIIIe siècle correspond à une nouvelle ère de la pensée qui met en perspective de
nouvelles interrogations sociales, portant notamment sur les conditions de l'émancipation sociale et
politique de tout individu. Le traitement de ce type
de sujets brûlants pour l'époque donne un essor
nouveau au genre de l'utopie qui, issu d'une tradition ancienne, s'épanouit toujours dans des moments
de crises ou de bouleversements de la société. Ce
genre narratif offre d'abord un moyen privilégié
pour échapper à une censure qui, pour être moins
sourcilleuse qu'au temps de Louis XIV, n'en est pas
moins active ; ainsi Voltaire, au début de sa carrière
littéraire, fera deux courts séjours à la Bastille (1717
et 1726) et sera forcé à l'exil pour avoir exprimé
trop clairement des opinions remettant en cause
l'autorité et les privilèges de certains grands noms
du royaume. Exploitant le décalage avec la réalité

dû à la dimension imaginaire et fantaisiste du récit, l'utopie permet d'exercer librement un regard satirique sur la société en s'appuyant sur une exigence rationnelle d'une société plus juste, comme dans *Robinson Crusoe* de Daniel Defoe (1719) ou les *Lettres persanes* de Montesquieu (1721). L'utopie, mêlant fiction, réflexion philosophique et critique sociale, est la formulation d'un désir de société parfaite, en réaction contre les imperfections et dysfonctionnements du monde réel (inégalités, injustices, en un mot tout ce qui choque la raison). Ce genre se caractérise donc fondamentalement par une dimension politique puisqu'il remet en cause des principes réels de gouvernement (monarchique) pour faire rêver à une République libre et juste.

2. *Le cadre utopique de* L'Île des Esclaves

L'île, espace-temps en rupture, constitue le cadre idéal de ce genre qui entend décrire une société neuve, ou recommencée, où l'individu, rendu à la raison et à la nature, vit selon des principes de gouvernement nouveaux, isolé du temps historique de la civilisation. Marivaux utilise bien certains éléments du genre dans *L'Île des Esclaves*, comme il le fera à nouveau pour *L'Île de la Raison* (1727). Dans la scène d'exposition, Iphicrate et Arlequin, après un naufrage, prennent conscience du lieu où ils ont échoué :

> IPHICRATE : […] si je ne me sauve, je suis perdu, je ne reverrai jamais Athènes, car nous sommes dans l'Île des Esclaves.
> ARLEQUIN : Oh, oh ! qu'est-ce que c'est que cette race-là ?
> IPHICRATE : Ce sont des esclaves de la Grèce révol-

> tés contre leurs maîtres, et qui depuis cent ans
> sont venus s'établir dans une île, et je crois que
> c'est ici [...].

L'action a donc lieu dans une île imaginaire qui se caractérise par une légende renvoyant à l'antiquité grecque, référence qui permet de faire jouer le décalage avec l'époque réelle. Le thème de la révolte d'esclaves contre des maîtres et celui de l'institution d'une société nouvelle avec des principes républicains de gouvernement, évoquée par le personnage de Trivelin à la scène 2, donnent à la pièce une dimension sociale qui semble exclusive. Il n'y a pas de véritable intrigue amoureuse. Le sujet est seulement abordé dans la scène 6 sur un ton satirique dans un but de parodie sociale — Arlequin et Cléanthis, les anciens esclaves, imitent le beau langage et les manières mondaines qu'affectent les gens de bonne société pour flatter leur vanité plutôt que pour déclarer un amour sincère ; il est ensuite abordé dans les scènes 7 à 9, sur un ton plus grinçant, pour faire sentir les barrières sociales infranchissables qui existent entre les maîtres et les domestiques — Arlequin et Cléanthis, abandonnant leur jeu parodique, ont l'idée d'intriguer pour obtenir l'amour de leurs anciens maîtres, mais à la tentative de séduction burlesque d'Arlequin s'opposent fermement les accents tragiques d'une Euphrosine au désespoir, et la scène symétrique entre Cléanthis et Iphicrate n'a pas même lieu. Le principe dramaturgique de l'inversion des rôles, qui commande l'action, semble ainsi bien s'accorder avec les visées démonstratives du genre utopique ; celui-ci, en effet, entend faire passer un message social. *L'Île des Esclaves* se caractérise-t-elle donc essentiellement comme une « pièce sociale » à thèse ?

3. *Une utopie en trompe l'œil*

Le genre de l'utopie ne semble pourtant intéresser ici Marivaux que pour des raisons formelles : il fournit en effet un cadre spatio-temporel permettant de composer librement une intrigue très schématique. D'ailleurs, ce cadre renvoie essentiellement à une convention théâtrale dont l'artifice est perçu. En outre, à une époque où la querelle des Anciens et des Modernes fait rage, la référence à l'antiquité grecque est familière aux contemporains qui ne se trouvent pas spécialement «dépaysés». Ainsi, si le cadre utopique présente Arlequin comme l'esclave d'Iphicrate, Arlequin renvoie plutôt l'image d'un valet sur la scène, de même que Cléanthis renvoie plutôt à l'idée de camériste que d'esclave. L'effet de décalage avec l'époque contemporaine est minime. Il faut en effet noter le contraste entre le cadre utopique mis en place par les allusions et les récits des personnages, et l'action réellement représentée sur la scène qui se caractérise par un jeu parodique et qui se conclut par un retour à la situation initiale. Ainsi le temps de l'action n'est-il qu'une simple parenthèse et s'achève avant même que les personnages n'aient eu l'occasion de partager l'expérience des autres habitants de l'île. Ces derniers ne sont que des figurants, et les personnages de la comédie sont maintenus à l'écart de la «nouvelle société» qui apparaît à la fin sans consistance et tout à fait fictive.

Personne, d'ailleurs, et à aucun moment, n'oublie l'ordre «ancien». Celui-ci n'est que provisoirement et artificiellement révolu. C'est ce que suggère très vite Trivelin à Euphrosine pour la rassurer (scène 4).

Que cette mise entre parenthèses soit provisoire et artificielle, c'est ce qu'atteste le jeu même d'Arlequin qui ne parvient pas à rentrer vraiment dans son rôle, comme dans la scène galante avec Cléanthis (scène 6) où il « défigure » constamment la conversation par ses expressions comiques, ou dans la scène de confrontation avec Iphicrate (scène 9) où il prend conscience non seulement de son attachement affectif pour lui mais aussi et surtout de l'habitude de son état de domestique. Ainsi l'interversion des rôles à des fins « thérapeutiques », destinées en particulier aux maîtres selon le propos de Trivelin à la scène 2, tourne court très rapidement. L'inversion, qui se matérialise par l'échange des costumes, a un effet immédiatement comique. De plus, le naturel de chacun des personnages reste le même, malgré les déguisements, ce qui place d'emblée l'action dans une perspective burlesque. Ainsi le cadre utopique est-il relégué au second plan par le genre comique de la pièce.

2.
La comédie d'Arlequin

1. *Une arlequinade*

La présence d'Arlequin caractérise un certain type de comique. Le ton est donné dès le début quand Arlequin apparaît avec sa bouteille de vin accrochée à la ceinture. Au-delà de la situation représentée (deux naufragés se retrouvant sur une île inconnue), la scène montre un personnage traditionnel venu de la *commedia dell'arte*. Celle-ci, forme de comédie d'origine populaire italienne avec des acteurs souvent masqués qui jouent des personnages typés comme Arlequin, a fortement influencé le théâtre populaire français à la fin du XVIIe siècle. Ce théâtre populaire, qu'incarne le nouveau Théâtre-Italien pour lequel Marivaux écrit régulièrement, accorde une grande importance au corps et à la gestuelle. Les comédies qui y sont représentées contrastent fortement avec celles données à la Comédie-Française, d'abord par le type de jeu : le jeu « italien », plus souple et spontané, plus rapide et plus rythmé, s'oppose au jeu grandiloquent et statique proposé par les comédiens français. L'art italien diffère de la comédie classique, vise à provoquer le rire franc, en particulier grâce au jeu d'Arlequin. Ainsi, *L'Île des Esclaves*, commençant avec Arlequin, sa bouteille et la vivacité naturelle de ses humeurs (du désespoir résigné à l'indignation noble à l'égard de son maître), installe d'emblée une forme de comique qui vise à divertir franchement. Une fois sur scène, Arlequin fait son théâtre, il occupe tout l'espace de jeu, donnant à voir et à partager sa joie de vivre de façon particulièrement marquée. Personnage clé, il incarne la gaieté et jouit, par là même, d'un bon naturel contraire à tout esprit calculateur et vindicatif. L'échange entre Arlequin et Trivelin à la scène 5 montre comment Marivaux exploite ce caractère traditionnel d'Arlequin pour montrer sa bonne nature et réjouir le spectateur ; il s'agit de ses rapports avec son maître devenu son esclave et qui s'appelle désormais comme lui :

TRIVELIN : [...] Êtes-vous content d'Arlequin ?
ARLEQUIN : [...] Il soupire parfois, et je lui ai défendu cela, sous peine de désobéissance, et je lui

ordonne de la joie. (*Il prend son maître par la main et danse.*) Tala rara la la…

TRIVELIN : Vous me réjouissez moi-même.

ARLEQUIN : Oh quand je suis gai, je suis de bonne humeur.

TRIVELIN : Fort bien. Je suis charmé de vous voir satisfait d'Arlequin. Vous n'aviez pas beaucoup à vous plaindre de lui dans son pays, apparemment.

ARLEQUIN : Hé ! là-bas ? Je lui voulais souvent un mal de diable, car il était quelquefois insupportable : mais à cette heure que je suis heureux, tout est payé […].

Figure théâtrale du petit peuple, le personnage se caractérise par un tempérament spontané et sans malice qu'il exprime de la manière la plus outrée par des jeux de scène spécifiques renvoyant aux codes de la *commedia dell'arte*, que l'on appelle des *lazzi*. Ce sont des mimiques, des gesticulations, des danses, des chansons, des rires et des pleurs hurlés qui donnent au personnage le statut de pitre. Cette attitude spectaculaire d'Arlequin rythme bien toute la pièce : Arlequin boit, siffle, chante, rie, saute de joie (scènes 1, 2, 5, 6, 7 et 8), pleure (scène 9), s'attendrit, pleure à nouveau (scène 10) et s'essaie au baisemain par imitation bouffonne (scène dernière).

2. *L'inversion carnavalesque : la farce et la parodie*

Marivaux, en donnant un rôle central à Arlequin dans *L'Île des Esclaves*, choisit donc un registre comique emprunté à la comédie populaire italienne. L'intrigue se noue et entraîne les autres personnages de la pièce en fonction même de ce registre :

l'inversion des rôles qui commande tous les jeux de scène et leur enchaînement appartient à un univers carnavalesque populaire brouillant les repères sociaux pendant une durée déterminée. La structure de la pièce correspond d'ailleurs à ce modèle en s'achevant par le retour à l'ordre ancien après un moment de remise en question subversive des hiérarchies et des règles sociales.

Le valet, transposé dans la figure de l'esclave antique, prend l'habit et le nom du maître, et le maître prend l'habit et le nom du valet. Mais le changement d'habit seul ne rend pas crédible le changement de statut et de fortune : les manières et le langage sont déterminants dans la reconnaissance sociale. Ainsi Arlequin, revêtant l'habit de son maître et, par convention théâtrale, gardant toujours en dessous son costume bariolé et son masque traditionnel, garde son naturel « gaillard » et son langage populaire. La pièce devient alors une farce. À la scène 5, quand Arlequin et Iphicrate reviennent travestis, le premier entre tout guilleret, ayant bu. Le comique de ce moment vient non seulement de la présence d'Arlequin, mais de la situation même où Arlequin, un peu ivre, joue les maîtres sans être crédible, ce qui donne un aspect farcesque à la scène et qui fait qu'elle vaut par le pur divertissement qu'elle procure.

La suite de la pièce indique que l'inversion carnavalesque sera exploitée jusqu'au bout et va redoubler le spectacle :

> TRIVELIN [à propos du maître d'Arlequin] : [...] Instruisez-moi d'une chose : comment se gouvernait-il là-bas ; avait-il quelque défaut d'humeur, de caractère ?

> ARLEQUIN, *riant* : Ah ! mon camarade, vous avez de
> la malice, vous demandez la comédie.
> TRIVELIN : Ce caractère-là est donc bien plaisant ?
> ARLEQUIN : Ma foi, c'est une farce.
> TRIVELIN : N'importe, nous en rirons.

Le spectacle donné par Arlequin et son déguisement va donc être prolongé par le spectacle de
l'imitation qu'il va faire des manières de son maître.
Celui-ci va alors passer pour un « ridicule », comme
Euphrosine imitée par Cléanthis dans la scène 3.
L'inversion carnavalesque est bien exploitée jusqu'au
bout puisque, à travers le jeu d'Arlequin, c'est en
réalité d'Iphicrate que l'on va rire, comme Trivelin
l'indique clairement. On a affaire ici à une imitation
satirique qui approfondit le simple divertissement
farcesque en parodie. La scène 6 entre Arlequin et
Cléanthis est du plus pur style parodique et elle se
dénonce comme telle. Marivaux prend ici pour cible
le « beau langage » de la conversation amoureuse
dont le désir de divertissement, l'amour-propre
maniéré et le cynisme sont les véritables moteurs, et
non pas l'amour :

> ARLEQUIN : [...] Si je devenais amoureux de vous,
> cela amuserait davantage.
> CLÉANTHIS : Eh bien, faites. Soupirez pour moi,
> poursuivez mon cœur [...] : mais traitons l'amour
> à la grande manière ; puisque nous sommes deve-
> nus maîtres, allons-y poliment, et comme le grand
> monde.
> ARLEQUIN : Oui-da, nous n'en irons que meilleur
> train.
> [...]
> CLÉANTHIS : [...] nous sommes d'honnêtes gens à
> cette heure ; il faut songer à cela, il n'est plus ques-
> tion de familiarité domestique. Allons, procédons

> noblement, n'épargnez ni compliments, ni révé-
> rences.
> ARLEQUIN : Et vous, n'épargnez point les mines.
> Courage ; quand ce ne serait que pour nous moquer
> de nos patrons. […]

Par le biais de la parodie, on retrouve donc dans cette pièce de Marivaux un trait de la comédie classique qui a pour but de divertir tout en représentant les travers et les ridicules d'une société. Le rire n'est donc pas gratuit, la pièce n'est pas un pur divertissement, l'auteur ayant le regard d'un moraliste et voulant « caractériser l'homme », selon le mot de Molière dans *La Critique de l'École des femmes*.

3.

La comédie sentimentale

Cependant, le regard porté par Marivaux n'est pas celui d'un moraliste classique, comme on l'a vu. Si la farce n'est pas gratuite, c'est parce qu'elle permet de mettre au jour quelque chose de vrai. Et il ne s'agit pas tant de révéler ce quelque chose au spectateur aux dépens du personnage qui ne ferait que représenter un certain type d'humanité (l'avare, le bourgeois, la précieuse, le misanthrope…). Il s'agit avant tout que cette vérité apparaisse aux propres yeux du personnage, qui se trouve tout d'un coup dessillé et en accord avec lui-même, comme Arlequin confronté d'abord à la dignité et à la douleur d'Euphrosine lors de sa tentative de séduction à la scène 8, puis à l'indignation et à la déception de son ancien maître à la scène 9. Face à une situation de

départ quelque peu forcée et arrangée (par Trivelin), le personnage est laissé libre d'être lui-même et
réagit avec authenticité, de telle sorte qu'il fait sentir au spectateur un « parcours sentimental ». Les
personnages de Marivaux sont ainsi moins « usagés »
que les personnages de comédie classique. Ils sont
plus spontanés, plus naïfs. Ils mettent fondamentalement en jeu leur cœur et leurs sentiments sans
le vouloir nécessairement, et généralement sans le
savoir. Ainsi Iphicrate, au début de la pièce, en révé-
lant à Arlequin où ils se trouvent, agit avec la plus
entière naïveté — et la plus grande vérité — en pen-
sant qu'Arlequin, étant à son service, est attaché à sa
personne comme il l'est à lui-même. Il se laisse ainsi
profondément surprendre, ce qui le prépare à faire
l'apprentissage de nouveaux sentiments.

Pour approfondir la réflexion

Le marquis d'ARGENSON, « Notice sur les
œuvres de théâtre », textes publiés par Henri
Lagrave dans *Studies on Voltaire and the XVIIIth Cen-
tury*, 42-43, 1966.

Gustave ATTINGER, *L'Esprit de la Commedia dell'
arte dans le Théâtre français*, Librairie théâtrale,
1950.

Henri COULET et Michel GILOT, Introduction
au *Théâtre complet* de Marivaux, « Bibliothèque
de la Pléiade », Gallimard, tome 1, 1993.

Henri COULET et Michel GILOT, *Marivaux. Un
humanisme expérimental*, Larousse, 1973.

Frédéric DELOFFRE, *Une préciosité nouvelle. Marivaux et le marivaudage*, Armand Colin, 1955 et
1967.

Jean-Michel RACAULT, « Les utopies morales de

Marivaux », *Études et recherches sur le xviiie siècle*, Aix-en-Provence, Université de Provence, 1980.

Claude RIGAULT, *Les Domestiques dans le théâtre de Marivaux*, Nizet, 1968.

Jacques SCHÉRER, *Théâtre et anti-théâtre au xviiie siècle*, Clarendon Press, 1975.

Jean-Paul SERMAIN, « Amour, bonheur, pouvoir, le partage d'Arlequin dans le théâtre de Marivaux », *Le Valet passé maître*, recueil d'articles, Ellipses, 1998.

L'écrivain
à sa table de travail

De la scène à la table
et de la table à la scène

1.

De la scène à la table

Marivaux n'a écrit pour le théâtre que des comédies, à deux exceptions près dont *La Mort d'Annibal* (1720), sa seule tragédie en cinq actes et en vers. Sur les trente-huit pièces qu'il a écrites, il en composa vingt et une pour le Théâtre-Italien.

1. *La scène du Théâtre-Italien*

Le Théâtre-Italien était constitué par une troupe de comédiens italiens installés à l'Hôtel de Bourgogne et dirigés par Luigi Riccoboni, dit Lélio. Héritière de la tradition de la *commedia dell'arte*, elle présentait au public des canevas développés par des jeux de scène fondés sur l'improvisation. Les acteurs incarnaient chacun un type traditionnel : Arlequin, Pantalon, le Docteur, Scaramouche. Ils avaient un sens particulier de la repartie, du rythme, du geste expressif. Nourrissant leur jeu d'improvisations, ils émerveillaient le public français par leur vivacité et leur spontanéité. Des propos parus dans un journal de l'époque, *Le Nouveau Mercure*, évoquent la séduction qu'exerçait ce type de jeu prônant la force du naturel : « On ne peut rien désirer en eux du côté de l'action, du naturel, de la présence d'esprit ; ils sont au qui va là toujours à propos ; ils ont l'art d'animer, de passionner tellement tout ce qu'ils jouent qu'ils se rendent maîtres des sentiments et saisissent l'attention malgré le voile des paroles » (mars 1717). La parole dans ce genre de théâtre surgit de la situation et n'est pas dite pour « montrer de l'esprit », mais exprime, ou accompagne, toujours des sentiments.

Les Comédiens-Italiens commencent à jouer en français à la fin des années 1810. Les acteurs les plus en vue de ce théâtre étaient Lélio, sa femme, Flaminia, Tomasso Vincetini, dit Thomassin, et très vite la jeune Silvia qui commençait à avoir un vif succès grâce à sa beauté et à son air spirituel. Marivaux choisit ces quatre acteurs pour lancer ses premières pièces.

2. *Marivaux et l'acteur : l'écriture du rôle d'Arlequin*

En principe, au Théâtre-Italien, les auteurs étaient libres de choisir des acteurs pour incarner leurs personnages. Mais cette liberté était limitée : étant donné la fixité des emplois, chaque acteur était obligé d'avoir un jeu très typé. Marivaux prit en compte cette contrainte et conçut les personnages de ses premières pièces en fonction de ces emplois et de leurs titulaires. Il fit comme d'autres auteurs, écrivant en particulier pour Thomassin qui incarnait un Arlequin qui ravissait le public, comme le confirme un témoignage du marquis d'Argenson : «Le petit Arlequin étant très joli sous le masque, pétri de grâces et charmant par ses manières et par sa naïveté, l'on composa plusieurs pièces pour lui seul ; celle-ci est une des plus destinées à ses grâces, de l'espèce dont elles étaient.» La dernière phrase fait référence à *Arlequin poli par l'amour* qui consacre Arlequin dans le rôle de «premier amoureux». Dans son travail, Marivaux commence par prendre en compte les traits traditionnels de l'emploi, comme le montre l'abondance des didascalies décrivant les lazzi d'Arlequin dans cette pièce. Mais, pour étoffer le personnage, il ne se contente pas de ces caractères traditionnels ; il prend aussi en compte les talents d'expression particuliers de l'acteur, ce qui lui permet de donner à Arlequin une dimension nouvelle et inattendue. Il ne cessera de travailler dans ce sens, abandonnant très vite la description des gestes typiques du personnage pour faire émerger une vraie personnalité proche de la nature et des sentiments intérieurs correspondants.

Les contemporains de Marivaux, même ceux qui n'appréciaient pas son style, reconnurent les transformations décisives du personnage d'Arlequin par le dramaturge. L'un deux laissa ce témoignage qui oppose l'Arlequin traditionnel (l'Arlequin *italien*) à l'Arlequin de Marivaux : «Le caractère d'Arlequin depuis un siècle est devenu l'effort de l'art, de l'esprit du théâtre. C'est un caméléon qui prend toutes les couleurs. Le sieur Thomassin, quand il joue en italien, ce n'est qu'un valet ignorant […]. Mais quand il joue en français, c'est souvent un aimable partisan de la pure nature, un philosophe naïf, sans fard et sans étude [...]. Tel on le voit dans les pièces de M. de Marivaux » (l'abbé Desfontaines, *Le Nouvelliste du Parnasse*).

L'Île des Esclaves est la septième pièce que Marivaux écrit pour le Théâtre-Italien. Le rôle d'Arlequin est joué par Thomassin et le rôle de Cléanthis par Silvia, les deux acteurs qui assurèrent le succès d'*Arlequin poli par l'amour* en 1720. Arlequin est le personnage principal de la pièce. Ses traits traditionnels sont encore présents, mais ils sont entièrement pris en charge par le comédien sur la scène. Aucune didascalie ne décrit les jeux de scène d'Arlequin. En revanche, l'écriture du rôle exploite un talent particulier de Thomassin, qui sait jouer simultanément du comique et du pathétique. Marivaux, à cette occasion, approfondit la personnalité d'Arlequin. Si le personnage fait profession de foi d'être toujours « gaillard », c'est-à-dire toujours gai, il ne manque pas d'attendrir en exprimant une grande sensibilité et un vrai sens de l'humanité. Ainsi dans la scène 9, qui oppose les griefs d'Arlequin à ceux de son maître, le langage du premier exprime ce nouveau trait de sensibilité, de générosité et de finesse qui étonne et émeut Iphicrate lui-même :

> IPHICRATE : Va, tu n'es qu'un ingrat [...].
> ARLEQUIN : Tu as raison, mon ami, tu me remontres bien mon devoir ici pour toi [...]. Eh bien va, je dois avoir le cœur meilleur que toi, car il y a plus longtemps que je souffre, que je sais ce que c'est que de la peine ; tu m'as battu par amitié, puisque tu le dis, je te le pardonne ; je t'ai raillé par bonne humeur, prends-le en bonne part, et fais-en ton profit. [...] Je ne te ressemble pas, moi, je n'aurais point le courage d'être heureux à tes dépens.
> IPHICRATE, *s'approchant d'Arlequin* : Mon cher Arle-

> quin ! [...] Va, mon cher enfant, oublie que tu fus
> mon esclave, et je me ressouviendrai toujours que
> je ne méritais pas d'être ton maître.

La bouffonnerie traditionnelle d'Arlequin s'efface devant le véritable écho d'une sensibilité qui provoque l'attendrissement général.

2.

De la table à la scène

1. *Un nouveau style théâtral français*

Certains contemporains de Marivaux lui reprochent de « courir après l'esprit » et d'avoir un style embrouillé. Ceux-là voient une contradiction entre l'aisance et le naturel des comédiens qui jouent ses pièces et son style jugé trop alambiqué. S'ils reconnaissent la qualité des dialogues, ils en attribuent l'effet aux talents des comédiens et critiquent Marivaux en insistant sur le fait qu'il écrit pour des étrangers. D'Alembert, dans *L'Éloge de Marivaux* (1785), reprend cette critique : « On croit entendre dans ses pièces des étrangers de beaucoup d'esprit, qui, obligés de converser dans une langue qu'ils ne savent qu'imparfaitement, se sont fait de cette langue et de la leur un idiome particulier, semblable à un métal imparfait, mais faussement éclatant, qui aurait été formé par hasard de la réunion de plusieurs autres. » Il est fort probable que l'accent italien des comédiens était ce qui motivait ce genre de critique. Car la langue qui caractérise l'écriture de Marivaux ne se mélange aucunement à de l'italien et fonctionne uniquement avec les ressorts de la langue française. Cette écriture, en outre, joue avec plusieurs références proprement françaises, comme le style mondain des salons de l'époque, ou le ton tragique forgé par Racine. Ainsi Euphrosine, dans la scène 8, évoque l'héroïne racinienne, Andromaque, princesse réduite à l'esclavage et convoitée par Pyrrhus, son geôlier. Quand Euphrosine répond aux avances d'Arlequin : « Ne persécute point une infortunée [...]. Vois l'extrémité où je suis réduite », les mots d'Andromaque à Pyrrhus résonnent : « Seigneur, voyez l'état où vous me réduisez » (*Andromaque*, III, 6). Au début de cette même scène entre Arlequin et Euphrosine, on trouve une autre référence au théâtre classique français, cette fois à la comédie classique de Molière : quand Arlequin vient trouver Euphrosine pour la conquérir, elle le repousse avec la formule qu'emploie Alceste au début du *Misanthrope* : « Laissez-moi, je vous prie. »

La présence de ces différentes références à l'intérieur d'une même scène correspond au caractère particulier de la pièce de Marivaux qui mélange profondément divers genres et divers registres. La pièce est très courte : en un acte et en onze scènes seulement, elle exploite le genre de l'utopie, le registre de jeu des Comédiens-Italiens héritiers de la *commedia dell'arte*, le registre de la comédie de mœurs, le registre sérieux de l'apologue philosophique visant l'édification morale exploité par les discours de Trivelin, le registre parodique et le registre burlesque, et enfin le registre tragique et le registre sentimental... Ce mélange, savamment dosé, impose un style théâtral nouveau qui s'intéresse d'abord à la naissance du sentiment chez l'individu et à la façon dont celui-ci l'exprime. Marivaux « subtilise » sur le

cœur humain en utilisant les différents registres
théâtraux qui sont à sa disposition. Dans *L'Éloge de
Marivaux*, d'Alembert prête au dramaturge le propos suivant : « J'ai guetté dans le cœur humain toutes
les niches différentes où peut se cacher l'amour lors-
qu'il craint de se montrer et chacune de mes comédies a pour objet de le faire sortir d'une de ces
niches. » Si, contrairement à *Arlequin poli par l'amour*
ou *Le Jeu de l'Amour et du Hasard*, *L'Île des Esclaves*
ne porte pas sur l'« effet surprenant » du sentiment
amoureux, cette pièce s'interroge sur d'autres affects,
fondamentaux, pour la conscience de sa propre
humanité et la connaissance de soi-même. Marivaux
exploite ici divers procédés, dont l'inversion carnavalesque, pour faire naître ces sentiments qui
modifient la conscience que les personnages ont
d'eux-mêmes et des autres, au-delà des rapports
sociaux qui les mettent en jeu. La confrontation
d'Arlequin à la dignité et à la douleur d'Euphrosine
d'une part (scène 8) et la confrontation d'Arlequin
à la colère et à la déception d'Iphicrate d'autre part
(scène 9) sont des moments forts de ce dévoilement
du cœur des personnages.

2. *Un nouveau répertoire français rempla-
çant le canevas à l'italienne : d'Arlequin à
Trivelin*

Marivaux a d'abord su exploiter au mieux le jeu
des Comédiens-Italiens et le tempérament de certains d'entre eux, comme Thomassin et Silvia. La
transformation du personnage d'Arlequin montre
ensuite comment Marivaux a su faire accepter à ces
acteurs une dramaturgie et un style nouveaux qui

rompaient avec ceux de la *commedia dell'arte*. Les emplois traditionnels du Docteur, de Pantalon et de Scaramouche commençaient, à cette époque, à perdre de leur importance et de leur attrait. Marivaux contribue à introduire une grande évolution au Théâtre-Italien qui, en 1725, s'est bien éloigné de la pure tradition italienne, adoptant un nouveau répertoire français très différent de la *commedia all' improviso*. Le canevas était remplacé par une comédie très structurée dont l'écriture rapide et serrée laissait beaucoup moins de place à l'improvisation libre des comédiens. Si Arlequin est le personnage principal de la pièce, il faut d'une part noter l'écart par rapport au type traditionnel et, d'autre part, remarquer que le personnage de Trivelin donne une autre dimension à la pièce, qui la distingue encore plus nettement d'une comédie à l'italienne.

Trivelin était incarné à la scène par Dominique, né français et ayant une tout autre présence scénique que Thomassin. Selon les témoignages de l'époque, il était plus «grossier et plus lourd», contrastant grandement avec l'agilité et la finesse du titulaire de l'emploi d'Arlequin. Marivaux lui donna un rôle très important dans *La Fausse Suivante* (1724). Le personnage de Trivelin y joue un homme du peuple, plein d'expérience, ayant fait tous les métiers, beaucoup plus lucide et cynique qu'Arlequin. Dans la scène d'exposition de la pièce, Trivelin, à travers le récit de ses multiples expériences, de ses ambitions et de ses déceptions, préfigure le personnage de Figaro que Beaumarchais inventera cinquante ans plus tard. Dans *L'Île des Esclaves*, Marivaux fait de Trivelin le meneur de jeu. Il incarne le maître d'un jeu ambigu, comme le montre l'égard particulier qu'il a pour les maîtres — il a le soin de s'entretenir seul avec Euphrosine, à la scène 4, pour atténuer l'affront qu'elle vient de subir de la part de sa servante (scène 3). Le personnage apparaît d'autant plus ambigu si l'on compare ses derniers mots à ses premiers discours, qui encourageaient les domestiques à croire à la réalité de leur nouveau statut. À la fin de la pièce, en effet, le thème politique de l'injustice des rapports sociaux semble disparaître au profit d'une morale d'inspiration religieuse. Trivelin conclut de la façon suivante :

> [...] nous aurions puni vos vengeances comme nous avons puni leurs duretés. Et vous Iphicrate, vous Euphrosine, je vous vois attendris, je n'ai rien à ajouter aux leçons que vous donne cette aventure [...]. La différence des conditions n'est qu'une épreuve que les Dieux font sur nous [...].

Marivaux entend-il relativiser l'importance du problème de l'injustice sociale ? Il semble plutôt que le personnage de Trivelin permette la mise en jeu des autres personnages. Ses discours et ses interventions ponctuelles au début et à la fin de la pièce encadrent et mettent en valeur l'action. Le personnage n'a en tant que tel aucune part dans le revirement final de la scène 9, quand Arlequin reprend volontairement sa place de domestique. Il offre une image distanciée de l'auteur qui invente un cadre pour faire valoir des individualités subissant malgré elles l'influence d'autres individualités.

Pour approfondir la réflexion

Patrice PAVIS, *Marivaux à l'épreuve de la scène*, Paris, Publications de la Sorbonne, 1986.

Groupement de textes

Maîtres et valets aux XVIIe et XVIIIe siècles

LE COUPLE DU MAÎTRE et du valet est traditionnel au théâtre. Il renvoie à une réalité sociale qui existe depuis l'antiquité : les personnes de rang élevé et de sang illustre ont des domestiques, esclaves ou hommes issus des couches sociales inférieures. Les liens entre le valet et le maître sont complexes ; asservi socialement, le valet est cependant attaché affectivement à son maître, comme le montre le revirement de situation à la fin de la scène 9 de *L'Île des Esclaves* : si le maître ne peut vivre sans son valet (scène 1 et scène 6), le valet ne peut pas non plus vivre sans son maître, habitué qu'il est à cette relation qui implique l'intimité, la familiarité et souvent la complicité. Recevant en contrepartie de son dévouement de l'argent, le valet vend aussi un service. Asservissement, dévouement, service rémunéré, autant d'aspects qui définissent également la relation entre le valet et le maître et qui la rendent subtile.

Les comédies et les tragédies classiques représentent le valet comme dépendant de son maître à tous égards et comme son faire-valoir. Dans la comédie, le valet a une place plus importante, voire centrale, en contribuant au divertissement : son statut lui permet le ridicule, la bouffonnerie, le manque de sérieux, la gaieté, la roublardise, la ruse…; tandis que le maître, lui, est tenu à une certaine dignité. Traditionnellement, cette dignité est mise en valeur par le contraste entre le caractère du maître et celui du valet qui a toujours suffisamment de bon sens pour ne pas pousser trop loin ses impertinences. Cependant, l'emploi du valet dans la comédie évolue entre le XVIIe siècle et le XVIIIe siècle. Comme on le voit déjà chez Marivaux, et encore plus clairement chez Beaumarchais, le respect pour le maître ne va plus de soi, la légitimité de son pouvoir est clairement remise en question. Le valet finit par apparaître comme un individu autonome qui s'arroge le pouvoir non seulement de critiquer son maître, mais d'opposer son action à la sienne. On passe donc de la figure du valet faire-valoir à la figure du valet contestataire, s'appropriant un pouvoir de plus en plus grand et commençant à menacer l'équilibre du système social de l'Ancien Régime.

1.

Sganarelle face à Dom Juan :
le valet sous la dépendance du maître

Dom Juan est le personnage central de la pièce de Molière (1665) qui, à l'époque de Marivaux, est déjà un auteur de comédies classiques. Il incarne une figure aristocratique qui jouit de la liberté et du pouvoir de la classe sociale à laquelle il appartient. Il entraîne à sa suite Sganarelle, son confident et le complice passif de tous ses actes. Le valet est lié à la personne de son maître et ne se définit par aucun autre lien. Alors qu'il désapprouve la conduite libertine de Dom Juan et ses tromperies, il obéit cependant toujours à ses ordres, restant avec lui et le suivant partout. Sganarelle a les traits classiques du valet : il est inférieur à son maître en intelligence, il est un peu pitre et poltron. Confronté à Dom Juan, il ne parvient jamais à se faire valoir comme un individu autonome. Dans la scène 1 de l'acte III, Sganarelle, ayant troqué son habit de valet contre un habit de médecin honorable, s'enhardit et tente de raisonner avec son maître. Il exprime bien par là un désir de reconnaissance. Mais son discours tourne au burlesque et le ridiculise. À la fin de la scène, il redevient le valet obéissant au service de son maître.

MOLIÈRE (1622-1673)

Dom Juan (1665)

(La bibliothèque Gallimard n° 84)

SGANARELLE : [...] Il faut avouer qu'il se met d'étranges folies dans la tête des hommes, et que, pour avoir bien étudié, on est bien moins sage le plus souvent. Pour moi, monsieur, je n'ai point étudié comme vous. Dieu merci, et personne ne saurait se vanter de m'avoir rien appris ; mais avec mon petit sens, mon petit jugement, je vois les choses mieux que tous les livres, et je comprends fort bien que ce monde que nous voyons n'est pas un champignon qui soit venu tout seul en une nuit. Je voudrais bien vous demander qui a fait ces arbres-là, ces rochers, cette terre, et ce ciel que voilà là-haut ; et si tout cela s'est bâti de lui-même. Vous voilà, vous, par exemple, vous êtes là : est-ce que vous vous êtes fait tout seul, et n'a-t-il pas fallu que votre père ait engrossé votre mère pour vous faire ? Pouvez-vous voir toutes les inventions dont la machine de l'homme est composée, sans admirer de quelle façon cela est agencé l'un dans l'autre ? ces nerfs, ces os, ces veines, ces artères, ces… ce poumon, ce cœur, ce foie, et tous ces autres ingrédients qui sont là, et qui… Oh ! dame, interrompez-moi donc, si vous le voulez. Je ne saurais disputer, si l'on ne m'interrompt. Vous vous taisez exprès, et me laissez parler par belle malice.

DOM JUAN : J'attends que ton raisonnement soit fini.

SGANARELLE : Mon raisonnement est qu'il y a quelque chose d'admirable dans l'homme, quoi que vous puissiez dire, que tous les savants ne sauraient expliquer. Cela n'est-il pas merveilleux que me voilà ici, et que j'aie quelque chose dans la tête qui pense cent choses différentes en un moment, et fait de mon corps tout ce qu'elle veut ? Je veux frapper des mains, hausser le bras, lever les yeux au ciel, baisser la tête, remuer les pieds, aller à droite, à gauche, en avant, en arrière, tourner… *(Il se laisse tomber en tournant.)*

DOM JUAN : Bon ! voilà ton raisonnement qui a le nez cassé !

SGANARELLE : Morbleu ! je suis bien sot de m'amuser à raisonner avec vous ; croyez ce que vous voudrez ; il m'importe bien que vous soyez damné !

DOM JUAN : Mais tout en raisonnant, je crois que nous nous sommes égarés. Appelle un peu cet homme que voilà là-bas, pour lui demander le chemin.

SGANARELLE : Holà ! Ho ! l'homme ! oh ! mon compère ! oh ! l'ami, un petit mot, s'il vous plaît.

2.

Turcaret :
le valet à l'affût d'une émancipation
par l'argent

Alain René Lesage écrit pour la Foire qui représente à la fin du XVIIᵉ siècle et au début du XVIIIᵉ
une sorte de scène alternative à la Comédie-Française pour le théâtre populaire et expérimental. Ce
théâtre reflète notamment les bouleversements de
la société et les changements de repères sociaux.
Ainsi Lesage, dans *Turcaret* (1709), met en avant une
société corrompue peuplée d'arrivistes et d'ambitieux, où les valets ne sont plus dans une complète
dépendance à l'égard de leurs maîtres, mais veillent
avant tout à leurs propres intérêts pécuniaires et
visent à s'avancer socialement. La pièce traite de
la puissance de l'argent, des manigances et escroqueries qu'implique la volonté de s'enrichir, et de la
promotion sociale que représente cet enrichisse-
ment. Turcaret est un ancien valet devenu riche, faisant la cour à une baronne. Il représente le type du
parvenu dont les escroqueries vont être démasquées
grâce à un autre valet, Frontin, rusé, qui ne cherche
lui-même qu'à s'enrichir. À la fin de la pièce, ayant
manigancé pour garder une importante somme
d'argent aux dépens de son maître et de tous, le
valet anticipe sur son changement de condition
sociale. Pour servir ses propres intérêts et s'émanciper, le valet a, sans hésitations, desservi les intérêts
de son maître, le Chevalier. Celui-ci, dans la dernière scène, se trouve tout surpris et le renvoie, don-

nant l'occasion à Frontin d'annoncer son émancipation à sa complice, elle-même domestique.

Alain René LESAGE (1668-1747)

Turcaret (1708)
(Folio théâtre nº 80)

LE MARQUIS, *riant* : Ah ! ah ! ah ! ma foi, chevalier, tu me fais rire ; ta consternation me divertit ; allons souper chez le traiteur et passer la nuit à boire.

FRONTIN, *au Chevalier* : Vous suivrai-je, monsieur ?

LE CHEVALIER, *à Frontin* : Non ; je te donne ton congé. Ne t'offre plus jamais à mes yeux.

Le marquis et le Chevalier sortent.

LISETTE : Et nous, Frontin, quel parti prendrons-nous ?

FRONTIN : J'en ai un à te proposer. Vive l'esprit, mon enfant ! je viens de payer d'audace ; je n'ai point été fouillé.

LISETTE : Tu as les billets ?

FRONTIN : J'en ai déjà touché l'argent ; il est en sûreté : j'ai quarante mille francs. Si ton ambition veut se borner à cette petite fortune, nous allons faire souche d'honnêtes gens.

LISETTE : J'y consens.

FRONTIN : Voilà le règne de M. Turcaret fini ; le mien va commencer.

3.

La Fausse Suivante :
Maître et Valet, deux statuts soumis
aux aléas de la fortune

Marivaux a mis en jeu de nombreux couples de maîtres et de valets, proposant différentes

variations de ce même motif. Dans *La Fausse Sui-*
vante (1724), la dissimulation et le déguisement de
la condition sociale sont les moyens privilégiés
de connaître la vérité des intentions des personnages. La pièce s'ouvre sur un dialogue entre Frontin et Trivelin, deux hommes du peuple. Leur
échange met en place l'intrigue mais prend aussi
tout le temps de peindre les errances de l'homme
du peuple qui veut échapper à la misère, prêt à
toutes les tâches. Parmi ces métiers, il y a bien sûr
l'emploi de valet, mais il y en a d'autres, parmi les-
quels celui de maître. Le changement d'époque et
les bouleversements économiques de la société
offrent en effet des possibilités de changement de
statut social. Si être valet au XVIIe siècle apparaît
comme un emploi «à vie», au début du XVIIIe siècle,
cet emploi peut être troqué pour un autre. Marivaux relativise ainsi la nature de tout statut social en
affirmant clairement : «dans un domestique, je vois
un homme ; dans son maître, je ne vois que cela non
plus, chacun a son métier ; l'un sert à table, l'autre
au barreau, l'autre ailleurs : tous les hommes ser-
vent, et peut-être que celui qu'on appelle valet est le
moins valet de la bande» (*L'Indigent philosophe*, in
Journaux et Œuvres diverses). Contrairement au Sganarelle de Molière qui, après la disparition de son
maître, exprime son désespoir, le Trivelin de Marivaux, déterminé coûte que coûte à améliorer son
sort, a changé d'emploi toutes les fois que cela lui
semblait opportun. Même si le ton est amer, il apparaît que Trivelin n'est pas encore résigné et qu'il est
prêt à de nouvelles aventures pour s'assurer une
meilleure fortune.

Pierre Carlet de MARIVAUX
(1688-1763)

La Fausse Suivante (1724)

(Gallimard, La Pléiade)

FRONTIN : Eh dis-moi, mon ami, qu'est-ce que c'est que ce paquet-là que tu portes ?

TRIVELIN : C'est le triste bagage de ton serviteur ; ce paquet enferme toutes mes possessions.

FRONTIN : On ne peut pas les accuser d'occuper trop de terrain.

TRIVELIN : Depuis quinze ans que je roule dans le monde, tu sais combien je me suis tourmenté, combien j'ai fait d'efforts pour arriver à un état fixe ; j'avais entendu dire que les scrupules nuisaient à la fortune, je fis trêve avec les miens, pour n'avoir rien à me reprocher : était-il question d'avoir de l'honneur, j'en avais ; fallait-il être fourbe, j'en soupirais, mais j'allais mon train. Je me suis vu quelquefois à mon aise ; mais le moyen d'y rester avec le jeu, le vin et les femmes ; comment se mettre à l'abri de ces fléaux-là ?

FRONTIN : Cela est vrai.

TRIVELIN : Que te dirai-je enfin, tantôt maître, tantôt valet, toujours prudent, toujours industrieux, ami des fripons par intérêt, ami des honnêtes gens par goût ; traité poliment sous une figure, menacé d'étrivières sous une autre, changeant à propos de métiers, d'habits, de caractères, de mœurs, risquant beaucoup, réussissant peu, libertin dans le fond, réglé dans la forme, démasqué par les uns, soupçonné par les autres, à la fin équivoque à tout le monde, j'ai tâté de tout, je dois partout : mes créanciers sont de deux espèces, les uns ne savent pas que je leur dois, les autres le savent et le sauront longtemps. J'ai logé partout, sur le pavé, chez l'aubergiste, au cabaret, chez le bourgeois, chez l'homme de qualité, chez moi, chez la justice qui m'a souvent recueilli dans mes malheurs, mais ses appartements sont trop tristes, et je n'y faisais que des retraites ; enfin, mon ami, après quinze ans de soins, de travaux et de peines, ce malheureux paquet est tout ce qui me reste ; voilà ce que le monde m'a laissé, l'ingrat ! après ce que j'ai fait pour lui, tous ses présents ne valent pas une pistole.

4.

Le Jeu de l'Amour et du Hasard : **l'habit de maître ne fait pas le maître**

Si Marivaux intègre les possibilités de revirement de fortune, il ne méconnaît pas pour autant le poids des déterminismes sociaux. L'opposition des maîtres et des domestiques dans *L'Île des Esclaves* détermine toute l'action qui se résout par le retour à l'ordre ancien, les maîtres redevenant des maîtres et les domestiques des domestiques. Dans *Le Jeu de l'Amour et du Hasard* (1730), Silvia et Dorante, destinés au mariage par leurs familles, ont simultanément l'idée de prendre la place de leur domestique, Lisette et Arlequin, pour pouvoir découvrir la personne qu'on leur a choisie. Lisette a pris les vêtements de sa maîtresse et passe pour elle auprès des nouveaux arrivants ; Arlequin a pris l'habit de son maître et passe pour lui quand ils arrivent chez le père de Silvia. Les domestiques, comme les maîtres, se laissent tromper par les déguisements des autres. Or de l'extérieur, il est impossible de se méprendre sur l'identité réelle de Lisette et d'Arlequin, comme sur celle de Silvia et Dorante qui, par leurs manières

fières et leur langage, dénoncent leur appartenance
sociale. Lisette et Arlequin, par leurs manières et leur
langage plus directs, ne changent pas de nature. Les
scènes, comme la scène 5 de l'acte II, où Arlequin,
sous l'habit de Dorante, fait la cour à Lisette et où
Lisette, sous l'habit de Silvia, fait mine de résister
pour se mieux rendre, sont burlesques. En outre,
l'attirance mutuelle qu'ils éprouvent immédiatement, comme celle qu'éprouvent symétriquement
les maîtres malgré leurs déguisements, souligne l'influence du déterminisme social dans la naissance du
sentiment amoureux.

Pierre Carlet de MARIVAUX
(1688-1763)

Le Jeu de l'amour et du hasard (1730)

(La bibliothèque Gallimard n° 9)

ARLEQUIN : [...] mais à propos de mon amour,
quand est-ce que le vôtre lui tiendra compagnie ?
LISETTE : Il faut espérer que cela viendra.
ARLEQUIN : Et croyez-vous que cela vienne ?
LISETTE : La question est vive ; savez-vous bien que
vous m'embarrassez ?
ARLEQUIN : Que voulez-vous ? je brûle, et je crie
au feu.
LISETTE : S'il m'était permis de m'expliquer si
vite.
ARLEQUIN : Je suis du sentiment que vous le pou-
vez en conscience.
LISETTE : La retenue de mon sexe ne le veut pas.
ARLEQUIN : Ce n'est donc pas la retenue d'à pré-
sent qui donne bien d'autres permissions.
LISETTE : Mais, que demandez-vous ?
ARLEQUIN : Dites-moi, un petit brin que vous m'ai-

mez ; tenez je vous aime moi, faites l'écho, répétez Princesse.

LISETTE : Quel insatiable ! eh bien, Monsieur, je vous aime.

ARLEQUIN : Eh bien, Madame, je me meurs ; mon bonheur me confond, j'ai peur d'en courir les champs ; vous m'aimez, cela est admirable !

5.

Le Mariage de Figaro :
le valet affronte le maître.
Vers une émancipation politique

Le Mariage de Figaro (1784) se présente comme la suite du *Barbier de Séville* (1775) qui met déjà en scène le couple Almaviva-Figaro. Figaro, dans la première pièce, devient le complice du Comte d'Almaviva pour arracher Rosine des mains d'un vieux barbon. Même si on reconnaît les traits d'une comédie classique, on note déjà le ton particulier de Figaro, qui tient des propos très libres au sujet des privilèges de la noblesse. Dans le *Mariage*, ce ton se durcit : un vrai conflit oppose le valet et le maître, le premier étant bien décidé à déjouer les plans du second. Le Comte convoite la camériste de sa femme, Suzanne, que Figaro s'apprête à épouser. Le valet, aidé de Suzanne et de la Comtesse, fera échouer « dans son dessein un maître absolu que son rang, sa fortune et sa prodigalité rendent tout puissant pour l'accomplir », selon le résumé que donne Beaumarchais dans la préface de la pièce. Figaro, face au Comte, incarne un véritable individu, déterminé à faire valoir ses intérêts et ses droits et il le fait savoir.

Comme le montre le monologue de Figaro à la scène 3 du cinquième acte, le personnage bénéficie d'une véritable liberté d'expression, affirmant ses opinions contestataires avec force et revendiquant sa valeur et son mérite personnels. Il apparaît en ce sens comme un porte-parole de l'auteur, laissant parler son tempérament et donnant libre cours à sa colère et à son indignation.

**Pierre Augustin Caron
de BEAUMARCHAIS (1732-1799)**

Le Mariage de Figaro (1784)

(La bibliothèque Gallimard n° 28)

FIGARO : [...] Non, Monsieur le Comte, vous ne l'aurez pas... vous ne l'aurez pas. Parce que vous êtes un grand seigneur, vous vous croyez un grand génie !... noblesse, fortune, un rang, des places ; tout cela rend si fier ! Qu'avez-vous fait pour tant de biens ? vous vous êtes donné la peine de naître, et rien de plus ; du reste, homme assez ordinaire ! tandis que moi, morbleu ! perdu dans la foule obscure, il m'a fallu déployer plus de science et de calculs pour subsister seulement, qu'on n'en a mis depuis cent ans à gouverner toutes les Espagnes ; et vous voulez jouter... On vient... c'est elle... ce n'est personne. La nuit est noire en diable, et me voilà faisant le sot métier de mari, quoique je ne le sois qu'à moitié ! *(Il s'assied sur un banc.)* Est-il rien de plus bizarre que la destinée ! fils de je ne sais pas qui ; volé par des bandits ! élevé dans les mœurs, je m'en dégoûte et veux courir une carrière honnête ; et partout je suis repoussé ! J'apprends la chimie, la pharmacie, la chirurgie ; et tout le crédit d'un grand seigneur peut à peine me mettre à la main une lancette vétérinaire ! Las d'attrister des bêtes malades, et pour faire un métier contraire, je me jette à corps perdu dans le théâtre ; me fussé-je mis une pierre au cou ! […] *(Il se lève.)* Que je voudrais bien tenir un de ces puissants de quatre jours, si légers sur le mal qu'ils ordonnent, quand une bonne disgrâce a cuvé son orgueil ! je lui dirai… que les sottises imprimées n'ont d'importance qu'aux lieux où l'on en gêne le cours ; que sans liberté de blâmer, il n'est point d'éloge flatteur ; et qu'il n'y a que les petits hommes qui redoutent les petits écrits. *(Il se rassied.)* […] laissant la fumée aux sots qui s'en nourrissent, et la honte au milieu du chemin, comme trop lourde à un piéton, je vais rasant de ville en ville, et je vis enfin sans souci. Un grand seigneur passe à Séville ; il me reconnaît, je le marie ; et pour prix d'avoir eu par mes soins son épouse, il veut intercepter la mienne ! intrigue, orage à ce sujet. Prêt à tomber dans un abîme, au moment d'épouser ma mère, mes parents arrivent à la file. *(Il se lève en s'échauffant.)* On se débat ; c'est vous, c'est lui, c'est moi, c'est toi ; non ce n'est pas nous ; eh ! mais qui donc ? *(Il retombe assis.)* Ô bizarre suite d'événements ! Comment cela m'est-il arrivé ? Pourquoi ces choses et non pas d'autres ? Qui les a fixées sur ma tête ? Forcé de parcourir la route où je suis entré sans le savoir, comme j'en sortirai sans le vouloir, je l'ai jonchée d'autant de fleurs que ma gaieté me l'a permis ; encore je dis ma gaieté, sans savoir si elle est à moi plus que le reste, ni même quel est ce Moi dont je m'occupe : un assemblage informe de parties inconnues ; puis un chétif être imbécile ; un petit animal folâtre ; un jeune homme ardent au plaisir, ayant tous les goûts pour jouir, faisant tous les métiers pour vivre ; maître ici, valet là, selon qu'il plaît à la fortune ! ambitieux par vanité, laborieux par nécessité ; mais paresseux… avec délices ! orateur selon le danger ; poète par délassement ; musicien par occasion ;

amoureux par folles bouffées ; j'ai tout vu, tout fait, tout usé. Puis l'illusion s'est détruite, et trop désabusé !… Désabusé !… Suzon, Suzon, Suzon ! que tu me donnes de tourments !… J'entends marcher… on vient. Voici l'instant de crise.

Chronologie

Marivaux et son temps

1.

Les origines et les débuts :
à la recherche d'une identité
et d'une situation (1688-1720)

Marivaux naît à Paris sous le nom de Pierre Carlet de Chamblain, mais passe son enfance en Auvergne à Riom où son père devient fonctionnaire de la Monnaie. Sa mère, Marie-Anne Bullet, est la sœur d'un architecte du roi. La carrière de Nicolas Carlet est modeste en comparaison de celle de son beau-frère, Pierre Bullet, qui a notamment été chargé d'établir des plans pour la place Vendôme à Paris en 1699, assurant ainsi sa fortune. Le train de vie de la famille Carlet n'est pas brillant, et les difficultés matérielles ont certainement empêché les parents de Marivaux de l'envoyer à Paris continuer ses études après la fin de son collège à l'Oratoire de Riom (1708). Celui-ci a sans doute été sensible à la différence de fortune entre son père et son oncle, et a visiblement été attiré par la vie brillante, mondaine et parisienne du second. Il quitte bientôt la province

pour s'inscrire à la faculté de droit à Paris (1710) et
s'installe chez son oncle, dans un hôtel particulier
de la rue Saint-Louis, ce qui favorise son entrée dans
la vie mondaine parisienne. Son désir de mener une
vie brillante et son ambition sociale s'expriment
notamment par ses aspirations à la noblesse : sur le
registre d'inscription de la faculté de droit, il signe
en ajoutant une particule à son nom. Grâce à l'introduction de son oncle, il commence à fréquenter
le salon de Mme de Lambert où il va faire la connaissance de Fontenelle et se familiariser avec le nouveau style mondain et moderne. Marivaux, qui ne
prendra ce nom qu'en 1715, débute sa carrière littéraire dans ce contexte, cependant qu'il continue
à avoir des velléités de carrière en droit. Après un
premier essai théâtral avec *Le Père prudent et équitable*
(1712) qui semble être le résultat du pari d'écrire une
comédie en un temps record, Marivaux fait paraître
un roman héroïque, *Les Aventures de *** ou Les Effets
surprenants de la sympathie* (1713-1714) qui reçoit
l'approbation de Fontenelle. Suivront un conte, des
premiers essais, des parodies comme un *Homère travesti ou L'Iliade en vers burlesques* (1717) qui marque
l'engagement de Marivaux, dans la querelle des
Anciens et des Modernes, aux côtés des Modernes.
    Cependant sa situation n'est toujours pas fixée.
En 1717, il épouse Colombe Bollogne, de cinq ans
son aînée, qui apporte une dot importante. Il se lance
alors dans une aventure spéculative en investissant
beaucoup d'argent dans la banque d'un Anglais
visionnaire, John Law. En 1718, sa femme donne
naissance à une fille, Colombe-Prospère. En 1719,
Nicolas Carlet meurt. Marivaux tente alors de succé-
der à la charge de son père, mais sans succès. En

1720, le revirement de fortune est complet : il est ruiné à la suite de la faillite de la banque de Law.

1683	Installation de la cour à Versailles.
1688	Parution des *Caractères* de La Bruyère.
1689	Naissance de Montesquieu.
1694	Naissance de Voltaire.
1697	Les Comédiens-Italiens sont chassés de Paris sur ordre du roi.
1701	Début de la guerre de succession d'Espagne qui durera jusqu'en 1714.
1711	Débuts du salon de Mme de Lambert que fréquente Fontenelle (naissance de la nouvelle préciosité).
1712	Naissance de Rousseau.
1715	Mort de Louis XIV et début de la Régence du duc d'Orléans. Renouveau de la querelle des Anciens et des Modernes.
1716	Création de la banque de Law. Retour des Comédiens-Italiens à Paris sur ordre du Régent, dirigés par Luigi Riccoboni, dit Lélio.
1717-1718	Premier séjour de Voltaire à la Bastille.
1720	Faillite de la banque de Law.

2.

La naissance d'un style : l'affirmation d'un écrivain (1720-1734)

À travers les hésitations, les ambitions et les insuccès d'un homme en quête de reconnaissance sociale et de fortune, s'affirme très vite l'homme de

lettres qui fait des débuts remarqués et qui affirme
très tôt un goût littéraire en rupture avec les canons
classiques du siècle précédent. Après s'être engagé
aux côtés des Modernes dans la querelle esthétique
contre les Anciens, Marivaux publie dans *Le Nouveau Mercure* des «Pensées sur différents sujets»,
«Sur la clarté du discours» et «Sur le sublime», qui
expriment clairement son enthousiasme pour le
sens dramatique de Crébillon contre l'esthétique
de Boileau. Le commentaire élogieux qu'ajoute en
avant-propos le directeur du journal signale que
Marivaux commence à être soutenu et reconnu.
Revenu au théâtre avec une comédie, *L'Amour et la
Vérité*, et une tragédie, *La Mort d'Annibal* (1720) don-
née à la Comédie-Française sans grand succès, Marivaux commence à écrire régulièrement pour les
Comédiens-Italiens de Luigi Riccoboni qui s'étaient
mis alors à jouer des pièces en français. La rencontre avec ces comédiens apparaît déterminante
dans l'évolution de son écriture. Parmi eux, quatre
vont particulièrement l'inspirer et déterminer la
vivacité de ses dialogues, le naturel et la gaieté spon-
tanée de ses personnages. Ces acteurs vedettes
étaient Lélio, Flaminia, Silvia, et Thomassin. Ce dernier était titulaire de l'emploi d'Arlequin et était
doué, selon les témoignages de l'époque, d'un très
grand talent. On saluait chez lui l'extraordinaire
agilité, ses prouesses acrobatiques, sa naïveté et son
charme. Le succès que valut à Marivaux *Arlequin poli
par l'amour* (1720), qui lança véritablement sa carrière de dramaturge, renvoie certainement à la transformation de l'emploi d'Arlequin qui n'est plus
ce valet mal dégrossi de la tradition de la *commedia
dell'arte*, mais plutôt un homme dont la sensibilité

obéit plus à la nature qu'aux usages sociaux, la laissant alors s'exprimer dans toute sa finesse et toute sa richesse. Certains contemporains, reprochant à Marivaux de « courir après l'esprit », ont pu s'étonner de voir de tels comédiens jouer avec aisance un texte dont le style leur paraissait précieux et embrouillé. Or il semble que le style de Marivaux, que l'on appellera plus tard le marivaudage, a pu précisément s'exprimer grâce à la liberté de jeu qu'il a découvert chez les Italiens. Alors que la description du jeu d'Arlequin jalonne le texte d'*Arlequin poli par l'amour*, dans les pièces ultérieures, dès la *Surprise de l'Amour* (1722), ce type de didascalie très précise — et contraignante pour un comédien — disparaît. Ainsi Marivaux commence à se concentrer sur l'écriture de langages propres à exprimer ou mettre en jeu l'intériorité et la sensibilité des personnages dans des situations de confrontation ou de mise à l'épreuve.

Une suite de succès conforte la carrière de Marivaux : après l'*Arlequin* de 1720, *La Surprise de l'Amour* en 1722 et *La Double Inconstance* en 1723 font venir un nouveau public au Théâtre-Italien ; *Le Prince travesti* en 1724 et *L'Île des Esclaves* en 1725 confirment cet enthousiasme. Cette reconnaissance du public assure durablement la réputation du dramaturge et le détermine certainement à affirmer son style qui s'exprime avec force dans *Le Jeu de l'Amour et du Hasard* (1730). Cette reconnaissance lui assure aussi le privilège de publier et de rééditer régulièrement ses pièces.

Si Marivaux affirme son style au théâtre, il ne délaisse pas les autres formes d'écriture. En 1721, en 1727 et en 1734, il ne lance pas moins de trois journaux littéraires : *Le Spectateur français*, *L'Indigent philosophe* et *Le Cabinet du philosophe*. Ces parutions très régulières rendent compte de l'intensité de son activité littéraire, de son style et de son évolution, ainsi que de ses opinions. Il publie aussi des romans dont les plus importants sont *La Vie de Marianne* (dont les différentes parties sont publiées de 1731 à 1741) et *Le Paysan parvenu* (1734).

1721	Parution des *Lettres persanes* de Montesquieu.
1723	Mort du Régent. Début du règne de Louis XV. Les Comédiens-Italiens prennent le titre de « comédiens ordinaires du Roi ».
1726	Début du ministère Fleury qui fera une politique d'assainissement financier et qui mènera une politique de tolérance religieuse à l'égard des protestants. Deuxième séjour de Voltaire à la Bastille et exil en Angleterre.
1731	Parution de l'*Histoire du chevalier Des Grieux et de Manon Lescaut* de l'Abbé Prévost.
1732	Naissance de Beaumarchais.
1733	Mort de Mme de Lambert.
1734	Parution des *Lettres philosophiques* de Voltaire.

3.

La reconnaissance et la maturité
de l'homme de lettres (1735-1763)

Si Marivaux mène avec succès une carrière théâtrale, son style ne continue pas moins à attirer la critique, ce qui constitue un obstacle pour sa consécration institutionnelle. Ainsi Marivaux, briguant dès 1732-1734 une place à l'Académie laissée vacante par l'évêque de Metz, rencontre l'opposition des défenseurs du style classique. Il compose alors, en 1734, un long développement sur la question du style qu'il publie dans la sixième feuille du *Cabinet du philosophe*. Le dramaturge écrit aussi une pièce reçue à la Comédie-Française, *Le Legs* (1736), qui remporte un succès honorable en faisant venir du public dans un théâtre plutôt déserté à ce moment-là. Cependant, la pièce attire à Marivaux de nouvelles critiques de la part de certains académiciens s'opposant fermement à sa candidature, comme l'exprime très clairement l'académicien Dubuisson : « Notre métier à l'Académie est de travailler à la composition de la langue et celui de Marivaux est de travailler à la décomposer ; [...] cette différence lui interdira toujours l'entrée de notre sanctuaire. » Ces attaques portent : en 1739, Marivaux veut renoncer à achever *La Vie de Marianne*. Mais s'il est attaqué à cause de son style, Marivaux n'en est pas moins reconnu et respecté, voire redouté comme en témoigne la correspondance de Voltaire, autour de 1736, qui craignait que Marivaux ne publiât une réfutation de ses *Lettres philosophiques*. Il apparaît comme le rival de Voltaire à cette époque, selon les mots de la *Gazette d'Utrecht*, et il obtient, en 1740, les faveurs de personnages importants comme l'envoyé extraordinaire de Suède à la cour de France, le comte de Tessin, et sa femme qui ne tarit pas d'éloges. Il écrit à cette époque *L'Épreuve* pour le Théâtre-Italien ; la pièce est largement saluée pour son esprit et ses dialogues excellents. Fortement soutenu, Marivaux est finalement élu à l'unanimité à l'Académie française en 1742, où il sera très assidu et où il fera des discours secouant les habitudes des académiciens. Il aide aussi à la reconnaissance de penseurs nouveaux comme Helvétius, représentant de la pensée matérialiste française, et se penche sur les différences de réception à l'époque entre la littérature et la philosophie dans ses *Réflexions sur Corneille et Racine* lues à l'Académie et publiées. Il passe alors pour être à son époque l'écrivain ayant une manière de penser et d'écrire des plus personnelles et originales.

Marivaux commence à avoir des problèmes de santé en 1757, mais il ne cessera d'écrire et de publier jusqu'à sa mort, en 1763.

1735	Présentation des *Indes galantes*, comédie-ballet, de Rameau.
1739	Mort de Thomassin, interprète d'Arlequin. Saint-Simon rédige ses *Mémoires* (1739-1751).
1743	Mort de Fleury. Louis XV prend la direction des affaires du Royaume.
1744-1748	Guerre coloniale entre la France et l'Angleterre.
1748	Parution de *L'Esprit des lois* de Montesquieu. Parution de *Zadig* de Voltaire.

1750   Suspension du prélèvement d'un impôt sur les biens de l'Église.
        Parution du *Discours sur les Sciences et les Arts* de Rousseau.

1751   Début de parution de l'*Encyclopédie*.
        De l'esprit des lois est mis à l'index.

1752   L'*Encyclopédie* est condamnée à être brûlée (elle reparaîtra en 1753 grâce à la protection de Malesherbes).

1752-1754   Problèmes et agitations parlementaires.

1755   Mort de Montesquieu.
        Parution du *Discours sur l'origine de l'inégalité parmi les hommes* de Rousseau.

1756-1763   La guerre de Sept Ans opposant la France et l'Autriche d'une part, et l'Angleterre et la Prusse d'autre part.

1758   Parution de la *Lettre à d'Alembert sur les spectacles* de Rousseau.

1759   Parution de *Candide* de Voltaire.

1762   Parution de l'*Émile* et du *Contrat social* de Rousseau.

1763   Mort de Marivaux.

1781   Publication des *Œuvres complètes de M. de Marivaux*, éditées par l'abbé La Porte.

Pour prolonger la réflexion

Marivaux et les Lumières. L'homme de théâtre et son temps, Aix-en-Provence, Publications de l'Université de Provence, 1996.

Henri LAGRAVE, *Marivaux et sa fortune littéraire*, Saint-Médard-en-Jalles, Ducros, 1970.

Éléments pour une fiche de lecture

Regarder le tableau

- Faites la liste de toutes les couleurs que vous percevez dans le tableau et reconstituez la palette de Watteau. Qu'en concluez-vous ?
- Observez le personnage central, Pierrot. Que pensez-vous des proportions de son corps ? Analysez son attitude au milieu des autres personnages, et expliquez pourquoi il semble si différent des autres.
- Enlevez aux personnages leurs habits de théâtre et habillez-les normalement. Le tableau pourrait-il alors représenter un portrait de famille ?
- Dans « Du tableau au texte », vous avez appris que le personnage caché à la gauche du Pierrot blanc était Arlequin. Trouvez d'autres illustrations d'Arlequin dans la peinture et retracez l'histoire de sa représentation au fil des siècles.

Sur le genre de l'utopie

- Quels sont les éléments de la pièce qui font référence au genre de l'utopie ?
- Est-ce que le cadre spatio-temporel utopique de la

pièce détermine son action ? Dans quel temps se déroule l'action ? Les personnages, durant le temps de la pièce, sont-ils soumis aux lois de l'île ? Ne sont-ils pas isolés des autres habitants ? Quelle est l'issue de ce « huis clos » ?

Sur la portée sociale de l'œuvre

- Domestiques et esclaves : Arlequin et Euphrosine figurent-ils réellement des esclaves antiques ? Pourquoi l'auteur leur donne-t-il le statut d'esclave ? En quoi peut-on parler de critique sociale ?
- Le pouvoir des maîtres : comment l'auteur attire-t-il l'attention sur le problème de la légitimité de ce pouvoir ? Pourquoi entraîne-t-il un mauvais traitement des domestiques ? Comment les maîtres négligent-ils de traiter leurs domestiques humainement ? La vanité des représentants des classes socialement favorisées n'est-elle pas principalement en cause ? En quoi les mœurs de l'époque sont-elles critiquées par l'auteur ?
- Comédie parodique et burlesque : en quoi ces registres comiques se mettent-ils au service de cette critique sociale ?

Sur la structure de la pièce

- Le principe du renversement carnavalesque : en quoi l'inversion des rôles détermine-t-elle l'action entre les personnages ? Est-ce la seule règle de l'action ? Quel est le rôle de Trivelin dans la régulation de l'action entre les personnages aux statuts inversés ?
- Comment se structurent les onze scènes de la

pièce ? Comment l'action progresse-t-elle ? Peut-on parler de symétrie parfaite dans le traitement des deux couples Arlequin-Iphicrate et Cléanthis-Euphrosine ? Pourquoi la scène d'imitation d'Euphrosine par Cléanthis est-elle plus développée que celle de l'imitation d'Iphicrate par Arlequin ? Pourquoi n'y a-t-il pas de scène de séduction d'Iphicrate par Cléanthis, équivalente à la scène 8 où Arlequin tente la conquête d'Euphrosine ?

Sur les personnages

- Arlequin : quels sont les traits traditionnels d'Arlequin conservés par l'auteur ? Ses nouveaux traits ? Comment expliquer la décision d'Arlequin de rendre à Iphicrate son pouvoir et de revenir à son statut de domestique ? Pourquoi est-il le personnage principal de la pièce ? Comment illustre-t-il la vision marivaudienne de l'individu ?
- Cléanthis : est-elle l'équivalent féminin d'Arlequin ? En quoi son personnage diffère-t-il d'Arlequin ? Pardonne-t-elle à sa maîtresse comme Arlequin pardonne à son maître ? N'y a-t-il pas plus de ressentiment et d'indignation sociale dans ce personnage ? Comment cela s'exprime-t-il ?
- Iphicrate et Euphrosine : quels types sociaux ces personnages incarnent-ils ? Comment vivent-ils chacun leur aventure ? En quoi ont-ils réellement reçu une leçon ?
- Trivelin : comment l'auteur fait-il valoir le statut à part de ce personnage ? Se réduit-il à une fonction dramaturgique, donnant les règles du jeu et mettant en valeur l'enjeu des rapports entre les autres personnages ?

Pour plus d'informations,
consultez le catalogue à l'adresse suivante :
http ://www.gallimard.fr

Composition Interligne
Impression Novoprint
à Barcelone, le 2 juillet 2016
Dépôt légal : juillet 2016
1er dépôt légal dans la collection : mai 2004
ISBN 978-2-07-031377-8/Imprimé en Espagne.

306042